Street by Street

DONCASTER

ADWICK LE STREET, BENTLEY, BESSACARR, CONISBROUGH, MALTBY, MEXBOROUGH, THORNE

Armthorpe, Askern, Barnby Dun, Bawtry, Hatfield, Kirk Sandall, New Rossington, Norton, Rawmarsh, Skellow, Stainforth, Swinton, Tickhill, Wath upon Dearne

3rd edition December 2007
© Automobile Association Developments Limited 2007

Original edition printed May 2002

This product includes map data licensed from Ordnance Survey® with the permission of the Controller of Her Majesty's Stationery Office. © Crown copyright 2007. All rights reserved. Licence number 100021153.

The copyright in all PAF is owned by Royal Mail Group plc.

All rights reserved. No part of this publication may be reproduced, stored in a retrieval system, or transmitted in any form or by any means – electronic, mechanical, photocopying, recording or otherwise – unless the permission of the publisher has been given beforehand.

Published by AA Publishing (a trading name of Automobile Association Developments Limited, whose registered office is Fanum House, Basing View, Basingstoke, Hampshire RG21 4EA. Registered number 1878835).

Produced by the Mapping Services Department of The Automobile Association. (A03558)

A CIP Catalogue record for this book is available from the British Library.

Printed by Oriental Press in Dubai

The contents of this atlas are believed to be correct at the time of the latest revision. However, the publishers cannot be held responsible or liable for any loss or damage occasioned to any person acting or refraining from action as a result of any use or reliance on any material in this atlas, nor for any errors, omissions or changes in such material. This does not affect your statutory rights. The publishers would welcome information to correct any errors or omissions and to keep this atlas up to date. Please write to Publishing, The Automobile Association, Fanum House (FH12), Basing View, Basingstoke, Hampshire, RG21 4EA. E-mail: streetbystreet@theaa.com

Ref: ML208y

Key to map pages	ii-iii
Key to map symbols	iv-1
Enlarged map pages	2-3
Main map pages	4-61
Index – towns & villages	62
Index – streets	62-73
Index – featured places	74-75
Acknowledgements	75

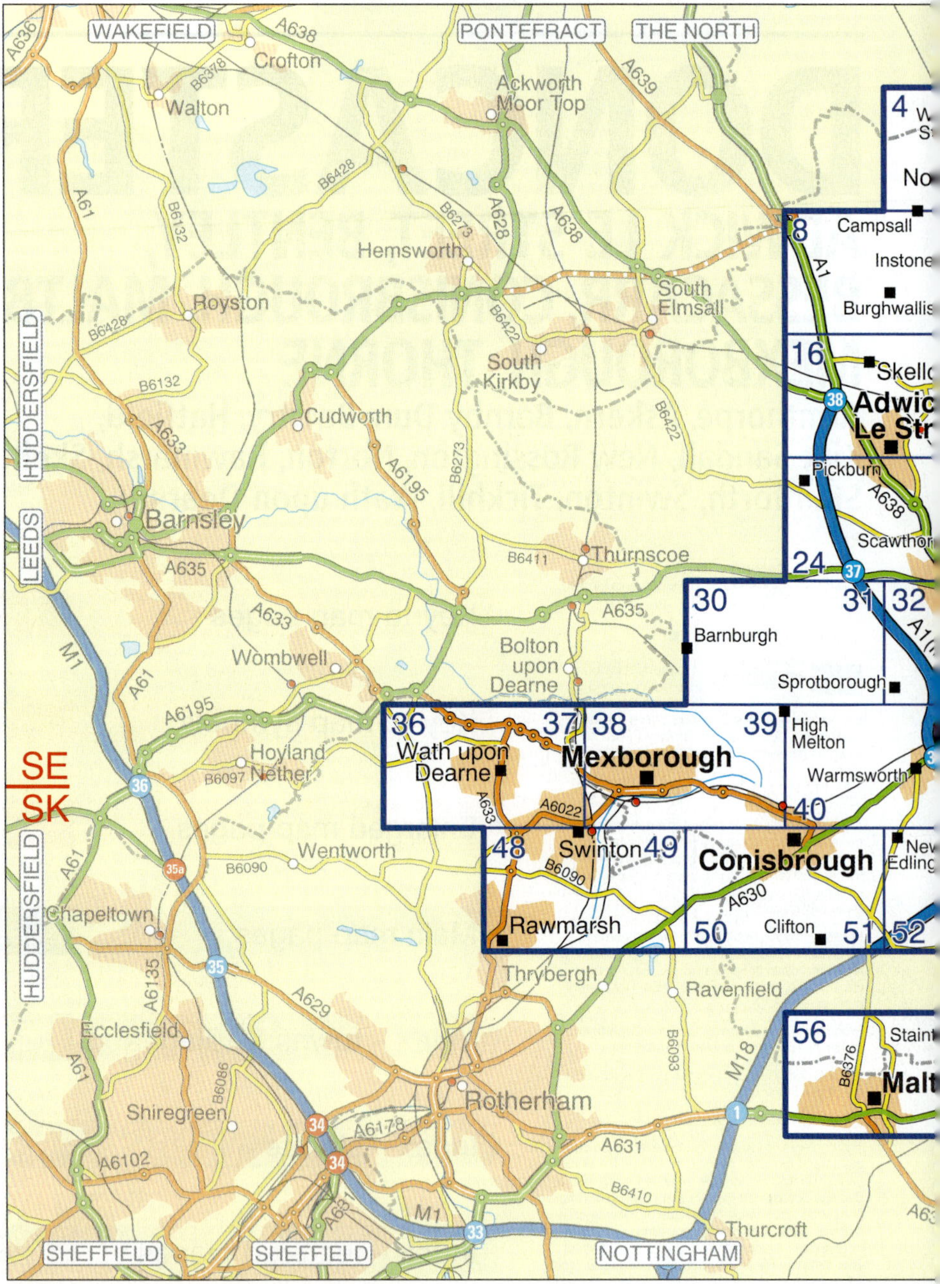

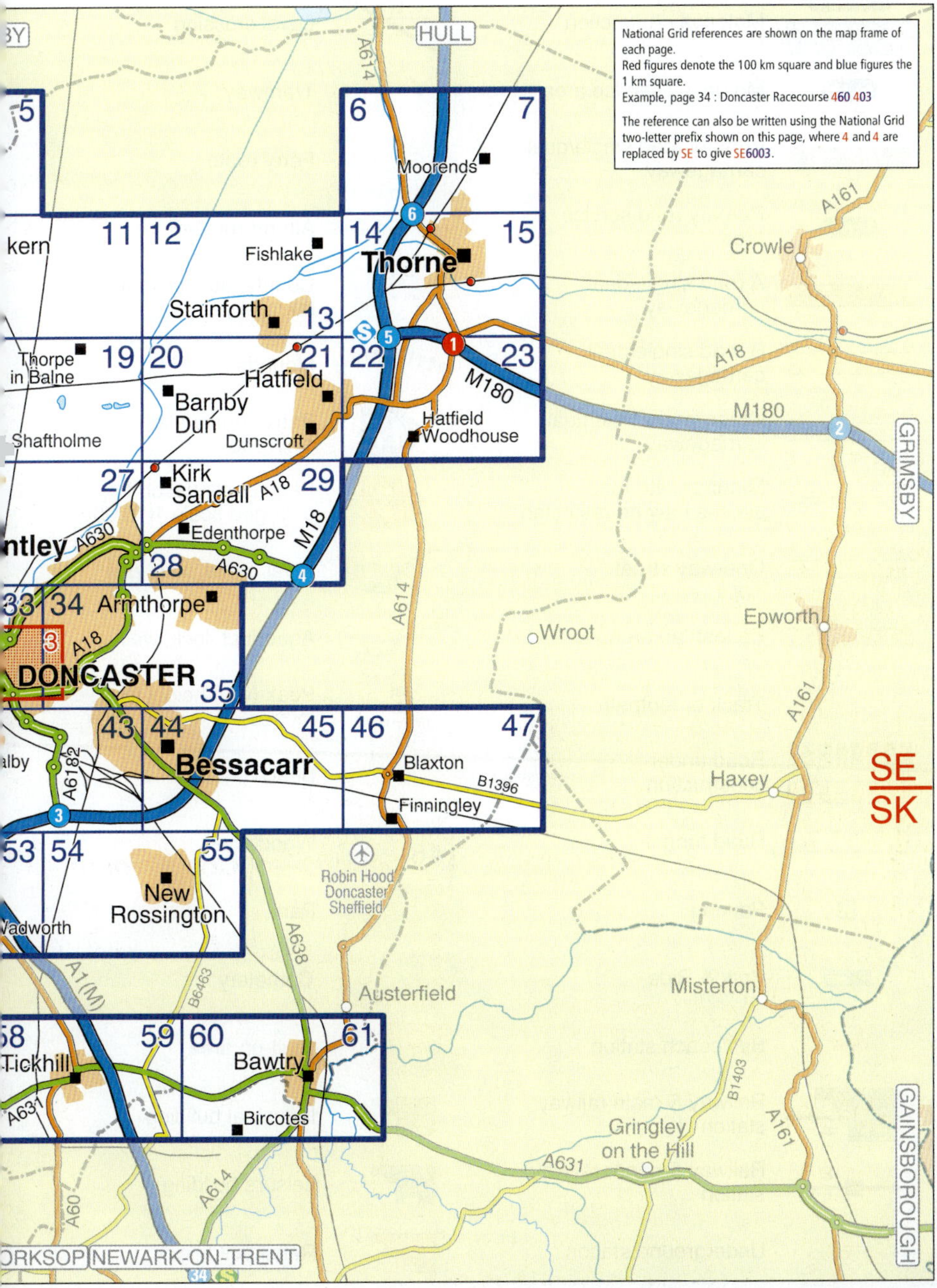

National Grid references are shown on the map frame of each page.
Red figures denote the 100 km square and blue figures the 1 km square.
Example, page 34 : Doncaster Racecourse 460 403
The reference can also be written using the National Grid two-letter prefix shown on this page, where 4 and 4 are replaced by SE to give SE6003.
HULL
GRIMSBY
GAINSBOROUGH
ORKSOP
NEWARK-ON-TRENT
SE
SK
Moorends
Thorne
Fishlake
Stainforth
Hatfield
Barnby Dun
Dunscroft
Hatfield Woodhouse
Thorpe in Balne
Shaftholme
Kirk Sandall
Edenthorpe
Armthorpe
DONCASTER
Bessacarr
Blaxton
Finningley
Robin Hood Doncaster Sheffield
New Rossington
Wadworth
Austerfield
Tickhill
Bawtry
Bircotes
Crowle
Wroot
Epworth
Haxey
Misterton
Gringley on the Hill
A614
A161
A18
M180
M18
A630
A6182
B1396
A638
A1(M)
B6463
A631
A60
B1403
5
6
7
11
12
13
14
15
19
20
21
22
23
27
28
29
33
34
35
43
44
45
46
47
53
54
55
58
59
60
61

3.6 inches to 1 mile

Scale of main map pages **1:17,500**

0 1/2 miles 1

0 1/2 1 kilometres 1 1/2

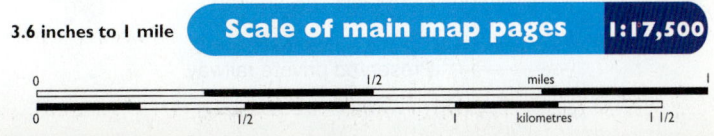

Junction 9	Motorway & junction	LC	Level crossing
Services	Motorway service area	•—•—•—•	Tramway
	Primary road single/dual carriageway	- - - - - - -	Ferry route
Services	Primary road service area	....	Airport runway
	A road single/dual carriageway	— · · — · · —	County, administrative boundary
	B road single/dual carriageway	▼▼▼▼▼▼▼▼	Mounds
	Other road single/dual carriageway	17	Page continuation 1:17,500
	Minor/private road, access may be restricted	3	Page continuation to enlarged scale 1:10,000
← ←	One-way street		River/canal, lake, pier
	Pedestrian area		Aqueduct, lock, weir
- - - - - - -	Track or footpath	465 ▲ Winter Hill	Peak (with height in metres)
	Road under construction		Beach
⊢ ⊣	Road tunnel		Woodland
P	Parking		Park
P+	Park & Ride		Cemetery
🚌	Bus/coach station		Built-up area
	Railway & main railway station		Industrial building
	Railway & minor railway station		Leisure building
⊖	Underground station		Retail building
⊖	Light railway & station		Other building
+++++++	Preserved private railway		

Map Symbols

⌐⌐⌐⌐⌐	City wall		Castle
A&E	Hospital with 24-hour A&E department		Historic house or building
PO	Post Office	Wakehurst Place (NT)	National Trust property
	Public library	M	Museum or art gallery
i	Tourist Information Centre		Roman antiquity
i	Seasonal Tourist Information Centre		Ancient site, battlefield or monument
	Petrol station, 24 hour Major suppliers only		Industrial interest
†	Church/chapel		Garden
	Public toilets		Garden Centre Garden Centre Association Member
	Toilet with disabled facilities		Garden Centre Wyevale Garden Centre
PH	Public house AA recommended		Arboretum
	Restaurant AA inspected		Farm or animal centre
Madeira Hotel	Hotel AA inspected		Zoological or wildlife collection
	Theatre or performing arts centre		Bird collection
	Cinema		Nature reserve
	Golf course		Aquarium
▲	Camping AA inspected	V	Visitor or heritage centre
	Caravan site AA inspected		Country park
	Camping & caravan site AA inspected		Cave
	Theme park		Windmill
	Abbey, cathedral or priory		Distillery, brewery or vineyard

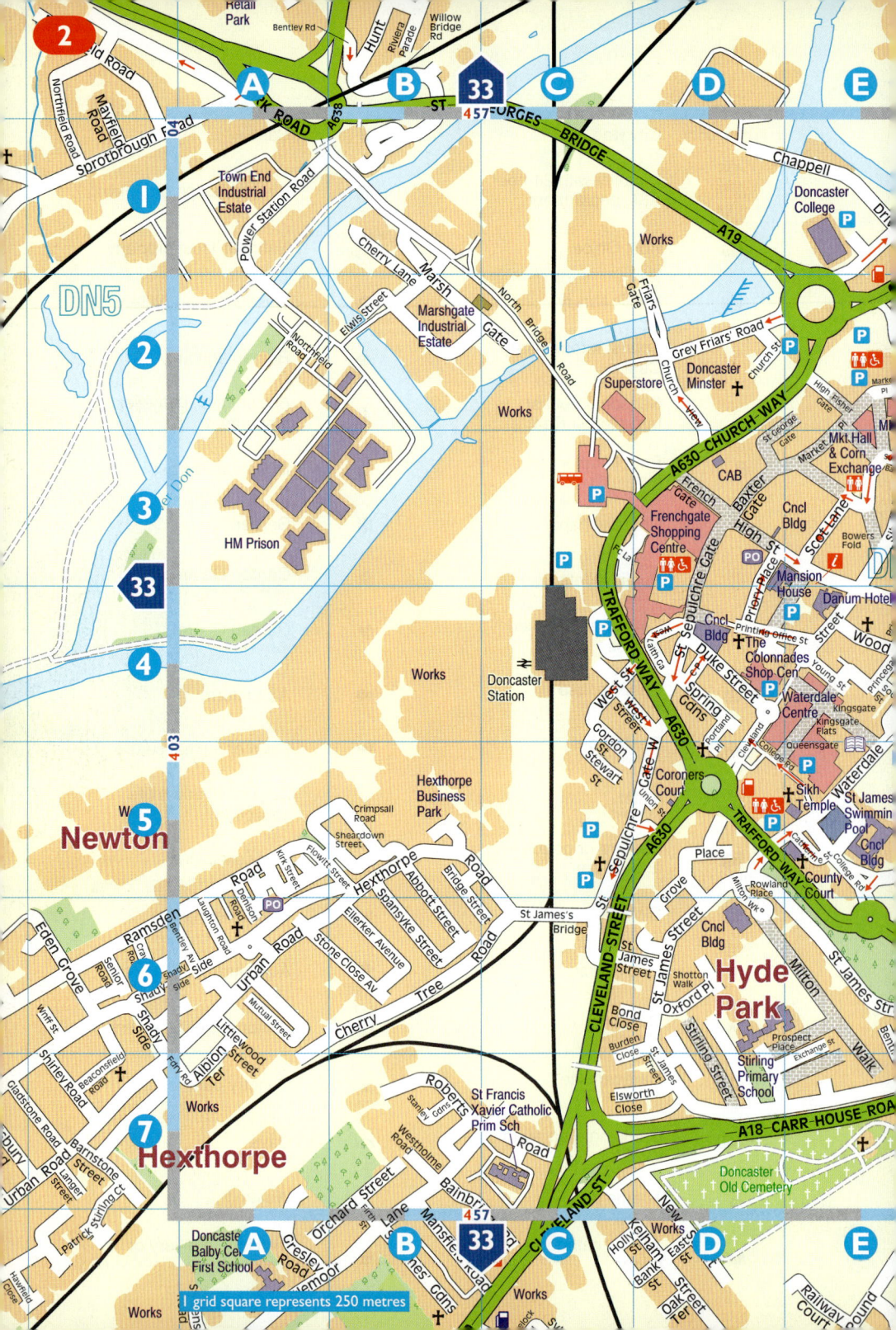

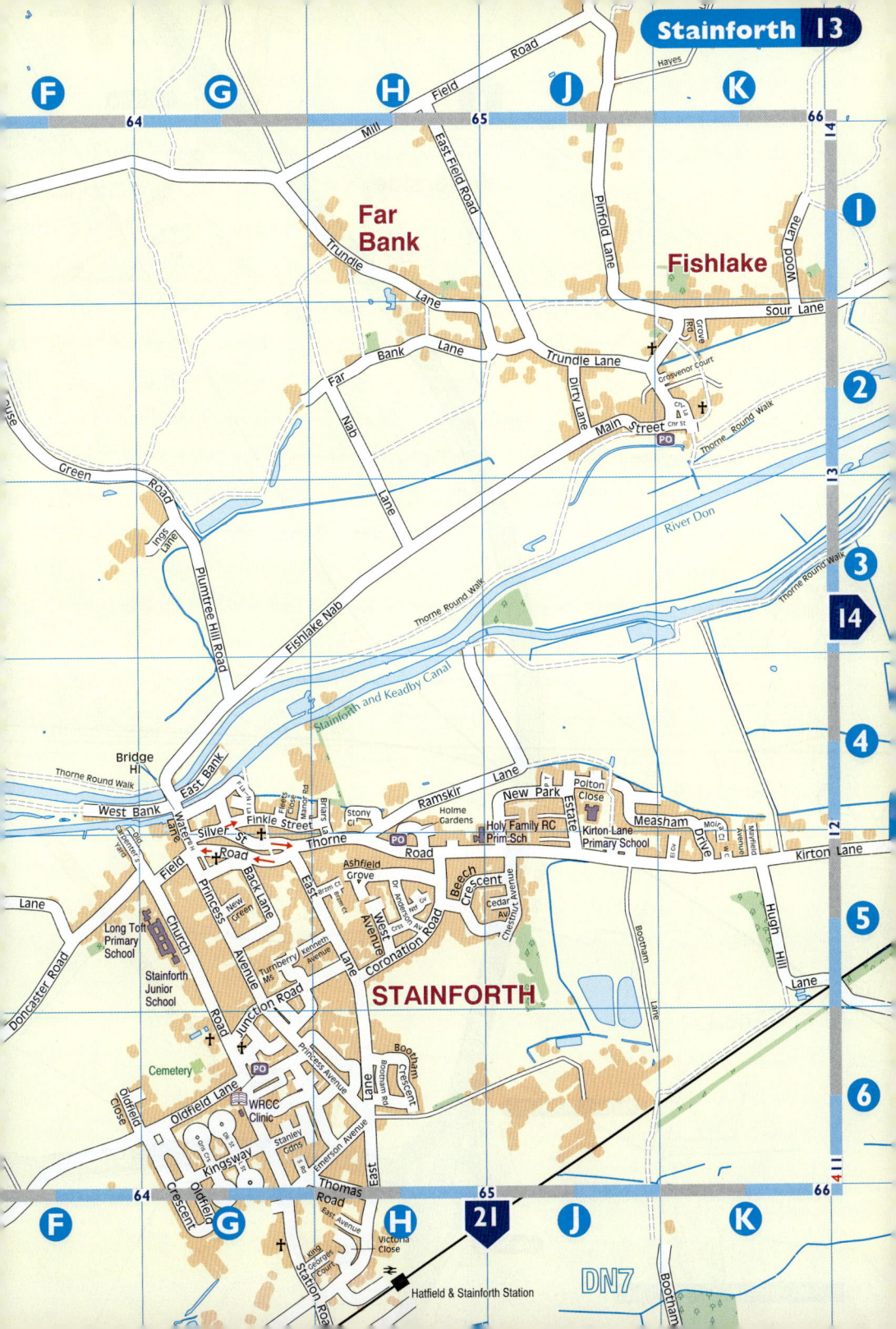

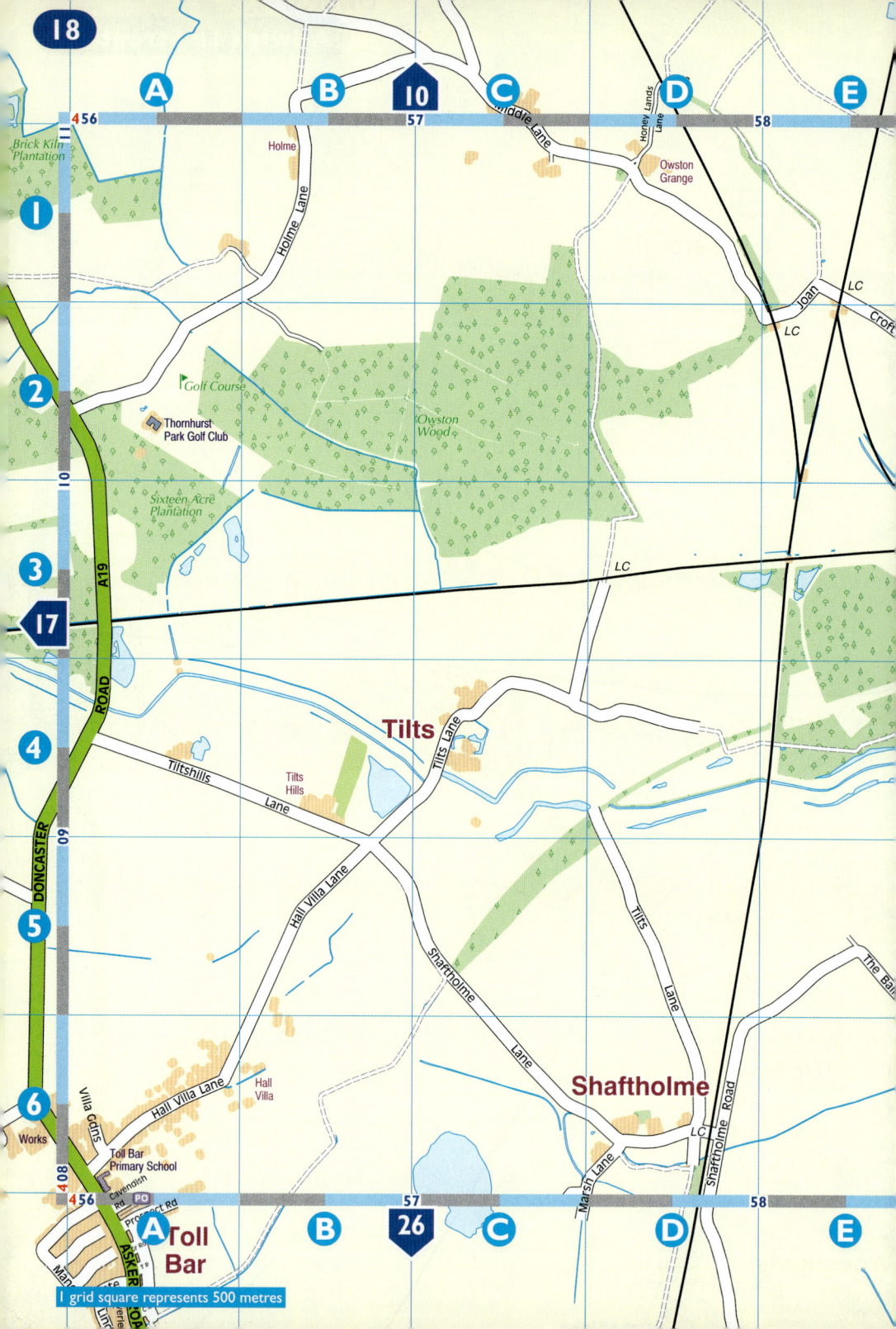

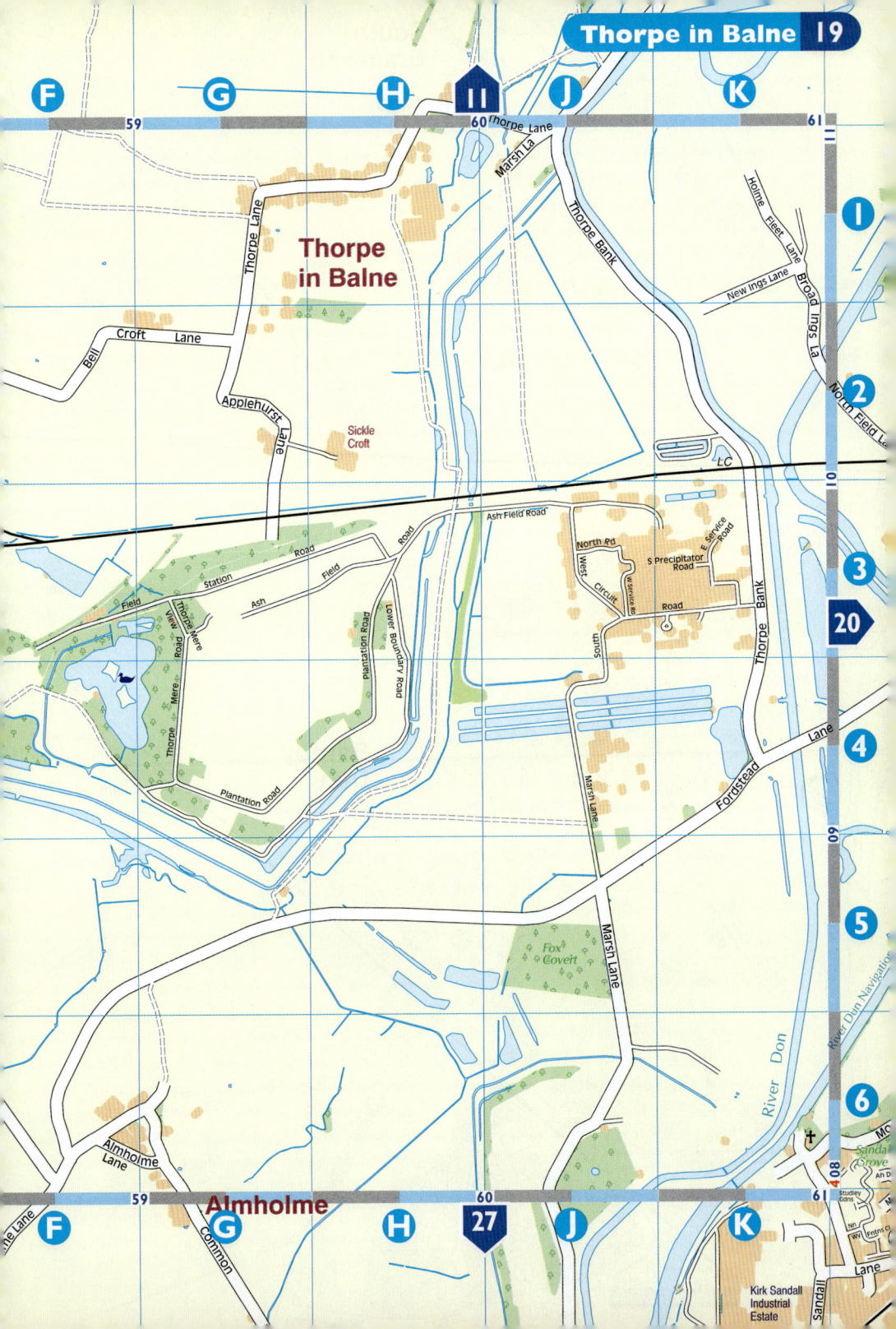

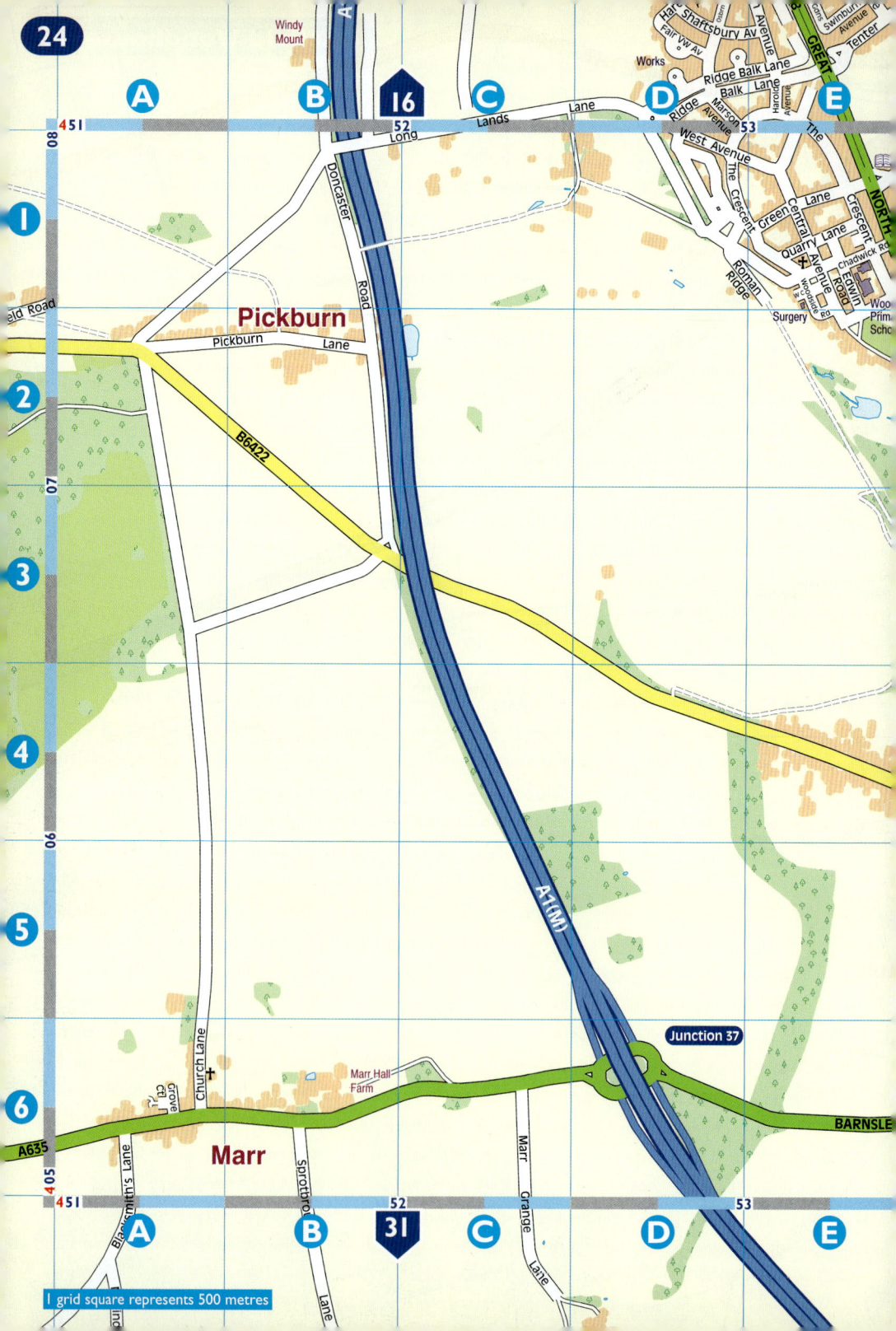

F
G
H
26
J
K
Works
57
58
BENTLEY ROAD
A19
Royston Av
West End Av
Washington Gv
Lauder Road
Haslemere Gv
Kirkby Av
Kirkby Avenue Primary School
Earlston Drive
Grange Court
Herbert Road
Grove Avenue
Centurion Way
Centurion Retail Park
Trading Estate
Telford Road
Northfield Road
Mayfield Road
Frank Rd
Conyers
Ings Rd
Ings Road
Road
LC
Works
Hunt Lane
Riviera Pde
Riviera Mount
Bentley Rd
ST GEORGES BRIDGE
A19
2
Wheatley
Works
Churchill Road
Woodhouse
Drake Road
Hardy Road
Dundas Road
Wentworth
Old School Wy
Cranbrook Rd
Lowther Road
Jubilee Rd
Lockwood Rd
Beckett Road
Axholme Road
Avenue Rd
Auckland Road
Wharf Road
Parkinson Street
Brooke St
Don St
Whittington St
Sheffield & S Yorkshire Navigation
CHURCH WAY A630
Holmes Market
Mary's Road
Baxter Av
Baxter Court
Athron Industrial Est
Queen's Road
Rectory Gardens
Thorne
3
I
2
3
34
Lane
Spotbrough Road
Power Station Road
Town End Industrial Estate
Cherry Lane
Marsh Ga
Marshgate Industrial Estate
North Bridge Road
River Don
HM Prison
Works
Chappell Drive
Doncaster College
Works
Friars Gate
Grey Friars' Rd
CHURCH WAY
A630 CHURCH WAY
Superstore
CAB
French Gate
Frenchgate Shop Cen
Baxter Ga
Cncl Bldg
Market Pl
Mkt
High St
Mansion Ho
Hotel
Cncl Bldg
Doncaster Station
Works
Colonnades Shop Cen
Waterdale Centre
Duke St
TRAFFORD WAY
Hextorpe Business Park
Coroners Court
Cncl Bldg
Nether Hall Rd
Highfield Rd
King's Road
Surgery
Surgery
Broxholme Lane
Vaughan Av
Park Rd
Med Cntr
Park Terrace
Thorne Rd
Lawn Av
Lawn Road
Med Cntr
Hill House St Marys School
Town Field
DONCAST
DN1
4
Surg
Odeon Cinema
Hall Gate
YMCA
Regent Hotel
Surgery
Regent Terrace
Hall Cross School
Civic Theatre
Waterdale
Cncl Bldg
Health Cen
Doncaster Mus & Art Gallery
Surgery
Hall Cross Hl
South Pde
Doncaster Town
Bennetthorpe
Roman
Monument
Reg Off
Elmfield Park
5
St James Swimming Pool
College
Mag Ct
Crown Court
Police Station
Cncl Bldg
Chequer Road
Apley Road
Elmfield Rd
Somerset Rd
Jarratt St
A18
CARR
Wainwright Rd
Clark Av
Stockil Rd
Theobald Av
Avenue
Works
Works
Hexthorpe Road
Abbott St
Spansyke St
Ellerker Av
Stone Close Av
Cherry Tree Road
Ramsden Road
Eden Grove
orpe
Urban Road
Cleveland Street
St Sepulchre Gate West
Rowland Place
Cncl Bldg
Stirling Primary School
Milton Wk
Co Court
Oxford Pl
Burden Cl
Elsworth Cl
James Street
CARR HOUSE RD A18
THE SIDINGS ROUNDABOUT
Cemetery
Hyde Park
Carr La
A6182
Hyde Park Ind Est
North St
South St
Cooper Street
Palmer Street
Childers Street
Chequer
6
Roberts Road
St Francis Xavier C Primary School
New Street
Kelham Street
Orchard St
Littlemoor
Doncaster Balby Central First School
Works
Hawfield Cl
Glen Field Av
Gladstone Rd
Salisbury Rd
Royal Mail Sorting Office
Works
Euro Link Business Park
Decoy Bank North
Middle Bank
Potteric Carr
Pound Walk
Heavens
Railway Ct
Westfield Rd
BALBY ROAD
A630
Belmont Av
Queen St
F
G
H
42
J
K
57
58
Cncl Bldg
Victoria Rd
Alexandra Rd
Albany Road
Florence Av
Earlesmere
Carr Hill
Carr View Av
St Catherine's Av
Works
Doncaster Railport
Doncaster Carr
Greenfield Lane

34
27
33
43
A
B
C
D
E
1
2
3
4
5
6
4 59
60
05
04
03
402
Wheatley Hills
Intake
DN2
DONCASTER
DN1
Belle Vue
Wheatley Golf Club
Danum School Technology College
Park Primary School
School of Nursing (Sheffield University)
Doncaster Royal Infirmary
A&E
Our Lady of Mount Carmel RC Primary School
Surgery
School
Clinic
Town Field
Doncaster Town CC
Doncaster College and School for the Deaf
Doncaster Racecourse Exhibition Centre
Doncaster Common
Golf Course
Doncaster Racecourse
Grand St Leger Hotel
Doncaster Town Moor Golf Club
Doncaster Rovers FC
Superstore
The Dome Leisure Centre
The Campanile Hotel
Vue Cinema
Doncaster Leisure Park
Lakeside First School
St Peters Catholic Primary School
Carr House Centre
Bessacarr Primary School
Hill House St Marys School
Kingfisher Primary
LEGER WAY
A18
A638
B1396
BAWTRY RD
CARR HOUSE ROAD
Armthorpe Road
Thorne Road
Sandall Beat Road
Huntingdon Road
Bennetthorpe
Lakeside Village
1 grid square represents 500 metres

ARMTHORPE
Cantley
Basil Av
Mansfield
Paxton
Edward St
Crescent
Markham Avenue
Elm Place
Briar Road
Surgery
The Armthorpe School
28
Our Lady of Sorrows VA RC Prim Sch
Glebe Farm Close
Beech
Lime Tree Av
Laburnum Drive
Ash Grove
Gunhills Lane Ind Est
Gunhills La
Works
Doncaster Road
Harris Rd
Haller Cl
Reeves Wy
Sargeson Rd
Walstow Crs
Wakelam Dr
Jenkinson Gv
Colbeck Cl
Barton Lane
Church Street
PO
Rose Grove
Surgery
Park Cl
Chestnut
Cherry Tree Road
Poplar Place
Woodlea Gv
Larch Dr
Mill Street
Uplands Road
Cleveland Road
Nooking Close
St Mary's Drive
Cow House Lane
Walbank Road
Kingsley Crs
Nutwell Lane
Armthorpe Community Ctr
Winholme
Tennyson Av
Milton Gr
Shelley Dr
Ruskin Drive
Wickethern Road
Hornsby Rd
Locking Dr
Regent Av
Kirkhall Cl
The Lings
New Ings
Ox Carr
Elmwood Crs
Oakwood Drive
Southmoor Av
Southfield Road
Armthorpe Southfield Primary School
Tranmoor Lane
Tranmoor J&I School
Deansfield Cl
Macaulay Crs
The Crescent
Eastfield
Tortstead
Moorfield Drive
Woodfield Road
Holmefield Close
Ravenfield Road
Whiphill Lane
Westwood Industrial Estate
Brampton Lane
Brampton Close
Southmoor La
Horsehills Lane
Chadbourne Cl
Pasture Cl
Bellrope Acre
Acer Cft
Cranfield Cl
Ramsker Drive
Parkway
Ladycroft Road
Meldwood Ct
Hallcroft Drive
Shaw Ct
Fiddlers Dr
Fiddlers Drive
Holme View
Fair Holme
Cantley Riding
Sandall Beat Wood
Cross Riding
Low Farm
South Woodfield
Works
Nutwell Lane
Everingham Road
Forest Grange
Aldesworth Road
Shirburn Gdns
Bramham Road
Synnes Gdns
Barret Road
Brantwood Crs
Cotterel Crs
Levet Road
Castell Crs
Elmham Road
Hawthorn Primary Sch
Pingtn Cl
Ansten Crs
Bardolf Road
Nether Cantley Lane
Boulton Drive
Main Street
Beech Tree Cl
Green Lane
Hallside Court
School Lane
Cantley Hall
Burns Medical Centre
Cncl Bldg
Green Boulevarde
Acacia Road
Pine Road
Plane Close
Willow Avenue
Almond Road
Lilac Gv
Birch Road
Sycamore Gv
Maple Av
The McAuley Catholic High School
CANTLEY LANE
Warden Lane
44
B1396
DONCASTER ROAD
SANDPIT HILL
Green Lane
F
G
H
J
K
62
63
1
2
3
4
5
6
05
04
03
402

A6195
Kingfisher Dr
Barnsley
Rotherham
Wath Rd
Dearne Road
Rother Street
Century Business Centre
Derwent Way
Wath West Industrial Estate
Knollbeck Lane
Pontefract Road
Brampton Cortonwood Inf Sch
Brampton Street
Melton Avenue
Chapel Avenue
Garden Drive
Knollbeck Avenue
Knollbeck Crescent
Wynmoor Crescent
Surgery
Brampton Road
Manor Road
Westpit Hill
Fleet Close
Honister Close
Westfield Cft
Westfield
Collier St
Heron Dr
Brampton
Brampton Ellis CE Junior School
Brampton Ellis CE Infant School
Packman Road
Packman Way
Carnley Street
Quarry Bank
Firth Rd
Elsecar Road
B6097
Rotherham Road
Brookside Crescent
Bramble Way
Giles Av
Melton Green
Rainborough Road
Milton Close
Grove Road
Edward Road
Elliott Close
Barnsley Road
Hollowgate Avenue
Moorland View
Works
Manvers Way
A633
Burns Way
Dryden Road
Byron Crescent
Christchurch Road
Stokewell Road
Oak Lea Avenue
Princess Street
Albert Road
Shakespeare Road
Winterwell Road
Victoria Rd
West Melton Primary School
Melton High St
Flatts Lane
Brooke Drive
Orchard Place
Wet Moor Lane
Norton Road
Wath CE Primary School
West St
Town Hall
Church Street
Valley Drive
Lady Croft
Constable Place
West Melton
Denman Road
Keble Martin Way
Michael Croft
Bushfield Road
Matthews Av
Matthews Close
Saville Road
Cutts Avenue
Nicholson Avenue
Hall Drive
Newfield Crs
Stump Cross Road
Park Road
Chapel Street
Wath Cemetery
Cemetery Road
Campsall Field Road
Quaker Close
Grange Road
Newhill Road
Crossfield Dr
Mill Lane
Battison Lane
Quarry Hill
Dawson Lane
Bucklegh Rd
Green Lane
Hoober Hall
America Lane
Golf Course
Wath Golf Club
Abdy
Abdy Road
Trans Pennine Trail
1 grid square represents 500 metres

Wath upon Dearne 37

Harlington
Adwick upon Dearne
MEXBOROUGH
Swinton Bridge
Old Dena
River Dearne
Barnsley
Doncaster
Dearne Valley
Greenfield Court
Sticking Lane
Crow Tree Lane
Harlington Road
Manor La
Manor Lane
Adwick Road
Mexborough School
Highwoods Infant School
Montagu Junior School
Cemetery
Montagu Hospital
St Johns CE Primary School
Mexborough Park Road Infant School
Council Building
Police Station
Mexborough Bus Station
Mexborough Station
Swinton Station
Whitelea Grove Trading Estate
Swinton Meadows Business Park
Swinton Meadows Industrial Est
Industrial Cen
Works
Playing Fields
Engine House Farm
Grange
River Don
S64
Pinfold Lands
Mkt Hall
DONCASTER ROAD
WATH RD A6023
A6022 ROWMS LANE
SWINTON ROAD
BRIDGE STREET
Main St
Bank Street
Market St
Station Rd
Ferry Boat Lane
Meadow Lane
Sandown Road
Sedgefield Way
Tennyson Avenue
Chaucer Road
Morton Road
Addison Road
Cemetery Road
Victoria Road
Albert Road
King's Road
Lorna Rd
Helena Street
College Road
Dolcliffe Road
Cross Gate
Arnold Crescent
Elm Road
Cedar Avenue
Willow Drive
Manvers Road
Oak Road
Sycamore Road
Newark Road
Queen Street
Whitelee Road
Marriott Rd
Talbot Road
Meadow Wy
Walker St
Dun St
Wharf St
Station
37
49
1 grid square represents 500 metres

Mexborough 39

31
39
51
A
B
C
D
E
1
2
3
4
5
6
451
52
53
02
01
400
399
Toecroft Lane
Folder Lane
Melton Road
High Melton
Cadeby Lane
Garden Lane
Scabba Wood
Cadeby
Nursery
Caderby Lane
Trans Pennine Trail
Cadeby
Ings Road
Manor Drive
Hollow Gate
PH
Works
Conisbrough Station
A6023
Moat House Wy
Trans Pennine Trail
River Don
Burcroft Hill
Station Road J&I School
Station Road
LOW ROAD
Waterside
Riverside Cl
Don Street
Works
Burcroft Hill
Windgate Hill
Milner Gate
Minneymoor Lane
Ferry Road
Dale
Conisbrough Castle
Cncl Bldg
Grasmere Road
Norwood Road
Elm Green Lane
Wellgate
Castle Hl
Taylor St
Brook Rd
Doncaster Road
Minneymoor Road
DONCASTER ROAD
A630
Drake Head
Butterbusk
Ravens Walk
Woodsett Walk
Crookhill
Rye Croft
Worthing Crs
Close
SHEFFIELD ROAD
Works
Charter Museum
1 grid square represents 500 metres

F
G
H
32
J
K
I
2
3
42
4
5
6
F
G
H
52
J
K
54
55
56
02
01
400
399
Warmsworth
Melton Road
Thorpe Lane
Riverhead
Main Street
Orchard Infant School
Brompton Road
The Meadow Park Cl
Park Avenue
Riverside Drive
St Chad's Wy
Old Hall Close
Riverside Drive
Meadow Croft
St Dominic's Close
Scott Hl
Boat Lane
Spinney Hl
A1(M)
River Don
Mill Lane
Pamela Drive
Tenter Lane
Warren Close
Fox Gv
Fox Grove
Hyman Close
Kelso Drive
Guest La
Ruthven Drive
Church Lane
Heath Ct
Grosvenor Crs
Melrose Close
Woodstock Rd
Waverley Av
Douglas Road
Kenilworth Rd
Wivelsfield Rd
Melbourne Rd
Waverley Primary School
Wallace Rd
Ivanhoe Rd
Rockliffe Av
Waverley Av
Church Cottage Ms
St Peter's Rd
Anelay Rd
Armitage Rd
Smith Sq
Smith St
Horse Shoe Ct
Dixon Crs
Thomson Avenue
A630
WARMSWORTH ROAD
Junction 36
Barrel Lane
Aviemore Rd
The Mallard Primary School
Raleigh Ter
Cedar Road
Grenville Rd
Austen Av
Aldam Av
Bronte Av
Riley Av
Kipling Road
Warde Avenue
Cedar School
Laburnum Road
Oakwood Road
Westbourne Gdns
Samuel St
Green Street
Ashfield Road
Flat Lane
Burns Wy
Harvest Cl
Oswin Avenue
Hexthorpe Primary School
Dellcroft Rd
HIGH ROAD A630
Tenter Grove
Beech Grove
Cliff Crs
Mill Lane
Oxton Drive
Gifford Dr
Glebe Street
Low Rd
Low Road West
Quaker Lane
Warmsworth Primary School
Works
Mayflower Rd
A630
SHEFFIELD ROAD
Sheffield Rd
Lunbreck Road
Norbreck Rd
Cecil Avenue
Wrightson Av
EDLINGTON LANE
Park Crs
Badsworth Road
Darrington Drive
Stapleton Road
Common Lane
Cedar Rd
Woburn Cl
Burford Croft
Sherwood Rise
Forest Road
Charnwood Dr
Galsworthy Close
Walpole Cl
Springwell Lane
Priestley Close
The Broadway
Broomhouse Lane
Austwick Cl
Downland Close
Arden
Aldcliffe Crs
Gate
Grange Lane
Alverley Grange
Oak Dale Road
Ash Dale Road
Halt
Warmsworth Halt Industrial Estate
Poplar Grove
Cemetery
Lord's Head Lane
Warmsworth
Works
B6376
Lords Cl
Wicket Way
Grace Road
Kennington Grove
Staveley Street
Victoria Road
Church Road
Duke's Crescent
Prince's Crs
King's Crs
Queen's Crescent
Shaw Road
EDLINGTON LANE
Headingley
Arlott Way
Edgbaston Way
Willow Dr
Wood View
Main Avenue
Broomhouse Lane
Broomhouse Lane Industrial Estate
North Street
Markham Square
Markham Road
Wellington Road
Gordon Road
St John's
Hazel Road
Catholic School
Surgery
The Health Centre
Market Place
Springwell Lane
Lane

1 grid square represents 500 metres

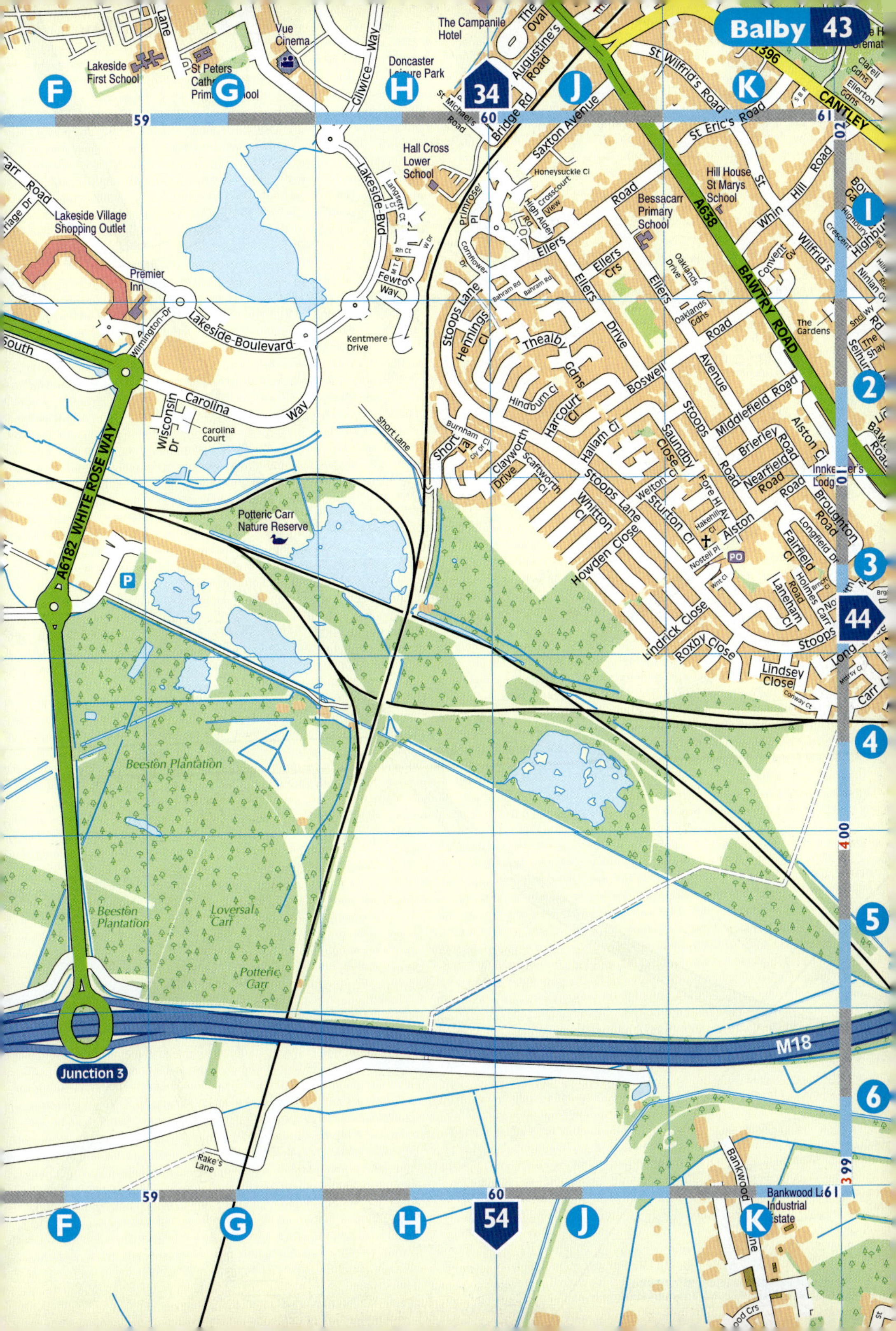
Lakeside First School
St Peters Cath Prim School
Vue Cinema
Cilwice Way
The Campanile Hotel
Doncaster Leisure Park
34
The Oval
Augustine's Road
St Michael's Road
Bridge Rd
St Wilfrid's Road
St Eric's Road
CANTLEY
Clarell Gdns
Ellerton Gdns
Saxton Avenue
Hall Cross Lower School
Lakeside Blvd
Langsett Ct
Honeysuckle Cl
Crosscourt View
High Alder Rd
Primrose Pl
Bessacarr Primary School
Hill House St Marys School
Whin Hill Road
Wilfrid's Rd
A638
BAWTRY ROAD
Carr Road
Lakeside Village Shopping Outlet
Premier Inn
Wilmington Dr
Lakeside Boulevard
Fewton Way
Kentmere Drive
Ellers Road
Ellers Crs
Ellers Drive
Oaklands Drive
Oaklands Gdns
Convent Gv
The Gardens
Stoops Lane
Hennings Cl
Bahram Rd
Thealby Gdns
Hindburn Cl
Harcourt Cl
Boswell Road
Avenue
Middlefield Road
Alston Cl
A6182 WHITE ROSE WAY
South
Carolina Way
Wisconsin Dr
Carolina Court
Short Lane
Burnham Cl
Clayworth Drive
Scaftworth Cl
Hallam Cl
Saundby Close
Stoops Road
Brierley Road
Nearfield Road
Innkeeper's Lodge
Broughton Road
Potteric Carr Nature Reserve
Whitton Cl
Stoops Lane
Welton Cl
Sturton Cl
Fore Hl Av
Hakenill Cl
Alston
Nostell Pl
PO
Longfield Dr
Fairfield Cl
Howden Close
Holmes Carr Road
Laneham Cl
Lindrick Close
Roxby Close
Lindsey Close
Conway Ct
Long Carr
44
Beeston Plantation
Beeston Plantation
Loversall Carr
Potteric Carr
M18
Junction 3
Rake's Lane
Bankwood Lane
Bankwood Lane Industrial Estate
54
F
G
H
J
K
59
60
61
02
01
400
399
1
2
3
4
5
6

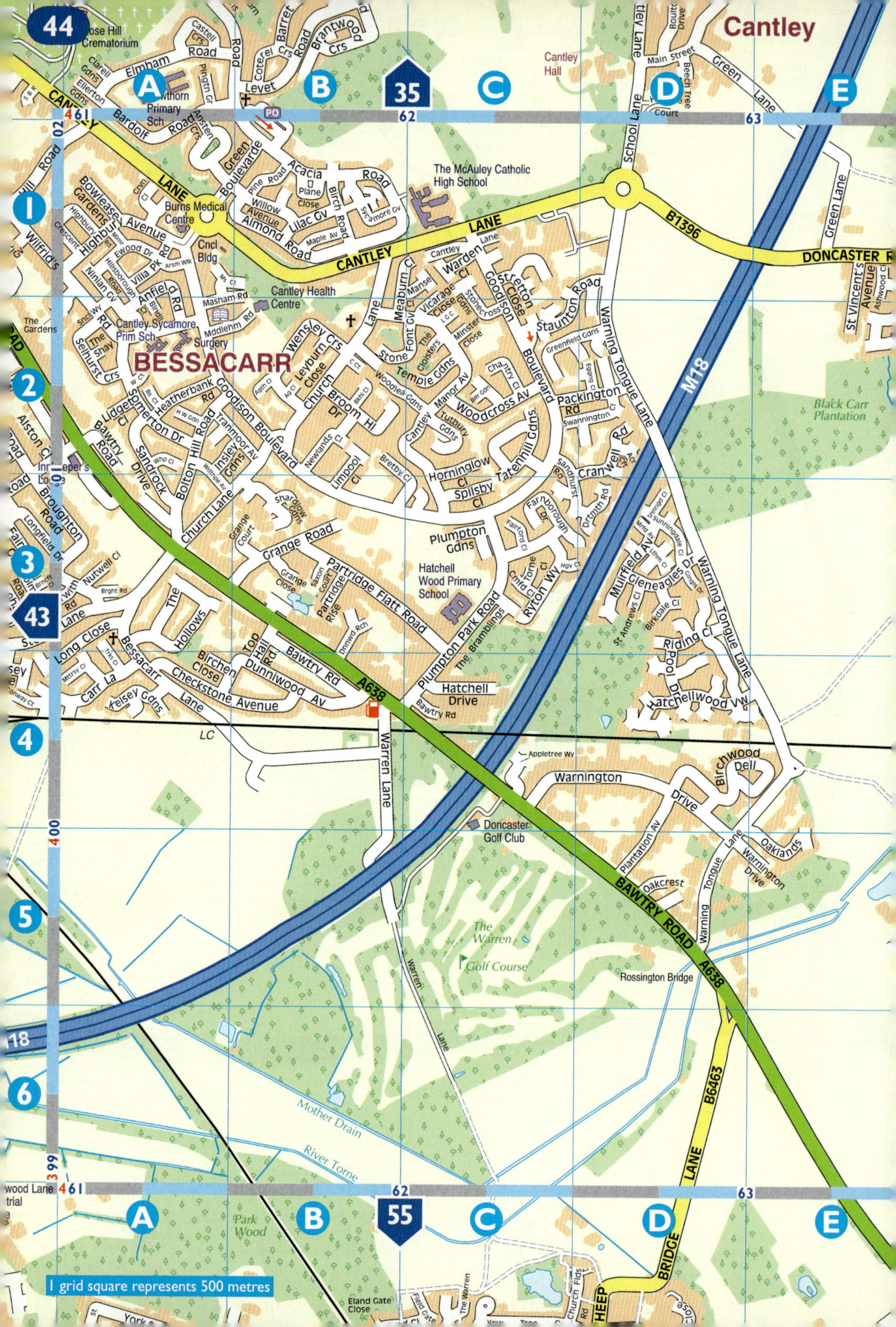
Cantley
Cantley Hall
BESSACARR
Rose Hill Crematorium
Hawthorn Primary Sch
The McAuley Catholic High School
Burns Medical Centre
Cncl Bldg
Cantley Health Centre
Cantley Sycamore Prim Sch
Surgery
The Gardens
Innkeeper's Lodge
Hatchell Wood Primary School
Doncaster Golf Club
The Warren Golf Course
Rossington Bridge
Black Carr Plantation
Park Wood
Mother Drain
River Torne
CANTLEY LANE
B1396
DONCASTER R
M18
A638
BAWTRY ROAD
B6463
BRIDGE LANE
Warning Tongue Lane
School Lane
Green Lane
Main Street
Goodison Boulevard
Stretton Close
Staunton Road
Packington Rd
Woodcross Av
Partridge Flatt Road
Plumpton Park Road
Hatchell Drive
Warren Lane
Warnington Drive
Birchwood Dell
Oaklands
Plantation Av
Oakcrest
Grange Road
Checkstone Avenue
Dunniwood Av
Bessacarr Lane
Bawtry Rd
Church Lane
Bolton Hill Road
Somerton Dr
Heatherbank Rd
Highbury Avenue
Elmham Road
Bardolf Road
Acacia Road
Almond Road
Cleneagles Dr
Muirfield Av
Riding Cl
Hatchellwood Vw
Tatenhill Gdns
Horninglow Cl
Spilsby Cl
Plumpton Gdns
Farnborough Dr
Ryton Wy
The Hollows
Long Close
Birchen Close
Broughton Road
Wensley Crs
Leyburn Close
Limpool Cl
Temple Gdns
Tutbury Gdns
A B C D E
1 2 3 4 5 6
35
43
55
62
63
461
402
401
400
399
1 grid square represents 500 metres

Kilham
Kilham Farm
Kilham Lane
River
Bracken Cl
Beech Dr
Oak Tree Road
Poplar Cl
St Wilfrids Primary School
Silverdale Close
Chapel Lane
Whiphill Top Lane
Milton Rd
Milton Road
Carlton Close
Belmont Close
Valley Drive
Moor View
Rural Crs
Conway Dr
The Close
Kingsmead Dr
Alliss Rd
Lillford Rd
Bassey Rd
PO
MOOR GAP B1396
Badgers Holt
Brockholes Lane
Glen Rd
DONCASTER ROAD
B1396
Brockholes Farm
Riverside Gdns
Dursley Ct
River Way
Sandhill Rise
Ainsley Close
Ravenswood Dr
Torne View
Childers Drive
Common Lane
Auckley
Norwood Avenue
Spey Drive
Nene Grove
Dart Grove
Avon Court
Myrtle Gv
Orchard Wk
Maple Drive
Ellers Lane
The Green
MAIN STREET
Ivy House Ct
Bell Butts Lane
School Lane
Auckley J&I School
Eastfield Lane
River Torne
The Hollows
Lidget
Works
B1396
MOSHAM
Hurst Lane
Gate House Lane
Twelve Months Carr
LC
Hay Field
The Hayfield School
Elder Gv
Holly Road
Hawthorne Road
Sycamore Drive
Hazel Avenue
Lilac Grove
Apple Grove
Lime Av
Walnut Av
Willow Crs
Fir Tree Av
Vulcan Mews
Harrier Ct
Spitfire Way
Hayfield Court
Hayfield Lane
Maple Avenue
Baytree Grove
Hayfield Lane Primary School
Beech Avenue
Briar Close
Bramble Wy
Birch Avenue
Chestnut Drive
Laurel Square
Ash Gv
First Av
Second Avenue
Third Av
Yew Tree Drive
Whitworth Ct
Fourth Avenue
Cypress Ave
Tree Way
Plane Tree
Larch Av
Elm Road
Spruce Crescent
Sixth Avenue
Fifth Avenue
Hayfield Green
Robin Hood Airport
F G H J K
I 2 3 4 5 6
64 65 66
02 01 400 399
46

46

Auckley Common

Blaxton

Stonegate
Springbank Close
Shepherds Croft
Summerfields Drive
Pinfold Parkland Wk
Park
New St
Blue Bell Ct
Hillcroft Rd
Pet Cl
The Crescent
Lane

MOSHAM ROAD
Back Lane
B1396 BANK END
A614 STATION ROAD
THORNE ROAD
Levels Lane
Works

Spitfire Way
Bell's Close
Works
Station Cl
Lower Pasture
Pickle Wd
Harvey Close
Wroot Road
Gatesbridge Pk
Chapel Lane
Abbeyfields
Lindley Road
Lindley Court
Chapel Close
Elm Drive
St Oswald's Close
Surgery
Doncaster Road
Rectory Lane
The Green
Ashley Ct
Croft Court
Blenheim Rd
Blenheim Drive
Bawtry Road A614
Finningley CE School

Finningley

Yew Tree Drive
Third Av
Avenue

1 grid square represents 500 metres

Finningley 47

- Blaxton Common
- Nan Sampson Bank
- Ninescores Farm
- Ninescores Lane
- Peat Carr Bank
- Peat Carr
- Finningley Grange Farm
- Doncaster / Nottinghamshire County
- Misson Bank
- Old Bank End Farm
- Whin Covert
- BANK END ROAD B1396
- Springs Road
- LC
- Beech Hill Farm
- Chapel Baulk

37
SWINTON
Piccadilly
Ryecroft
Sandhill
Kilnhu
RAWMARSH
Racecourse Road
Boyd Road
Flintway
Darwynn Av
Rig Drive
Warth Wood
Warth Wood Dr
WARREN VALE RD
ROCKINGHAM ROAD
A6022
CHURCH STREET
Special School
Crown St
Cncl Bldg
Police Station
Surgery
Shopping Centre
Civic Hall
Milton St
Milton Court
Horsefair Cl
Temperance St
Twyford Cl
Foxland Avenue
Woodman Drive
Swinton Fitzwilliam J&I School
Griffin Rd
Highfield Road
Rookery Road
Central Avenue
Park Road
Broadway
Woodlands Crs
The Crescent
Grange Rd
The Green
Crossway
The Cft
The Lea
East Av
South Av
Valley
Brookside
Swinton Community School
The Larches
The Beeches
Slade Rd
Manor Road
Manor Farm Dr
Meadow Dr
Pinfold Cl
Fitzwilliam Street
Brookfield Av
Swinton Brookfield Primary S
Pinehurst Rise
Lansdowne Crs
Lawrence Dr
Thompson Dr
Cobb Dr
Greno Rd
Calladine Wy
Beecham Ct
Allardyce Crs
Hawthorne Wy
Davies Dr
Fox Ct
Sykes Ct
Road
Kew Ct
Elmville Av
Glebe Cl
Glebe Rd
Piccadilly
Harrop Dr
Wentworth Gdns
Raven Mdw
Meadow Cft
Aspen Wy
Buckthorn Close
Campion Drive
Holmoak Cl
Albany Rd
Holyw Road
Celandine
Larkspur Cl
Aldervale Cl
Elmdale Cl
Hazelwood Dr
Snowberry Cl
Pine Wk
Caraway Gv
Oakbank Rise
B6090
BLACKAMOOR ROAD
B6092
ROAD
A633
WARREN VALE
Works
Kempwell Dr
Burkinshaw Av
Potterdyke Av
Morris Av
Avenue
Rushey Cl
Sharpfield Av
Rawmarsh Thorogate J&I Sch
Thorogate
Pipe House La
Old Warren Vale
Monkwood Health Centre
Schofield Drive
Homestead Drive
Kent Avenue
Fielding Gv
Park Gv
Northfield Avenue
Birchwood Av
Holland Close
Rippon Court
Alderson Av
Redmarsh
Rawmarsh Rosehill Junior School
Bradlea Rise
Queen Street
Arthur Street
Rosehill Av
Grange Road
North St
Charles St
Bernard St
Apollo St
Sandhill Rd
Sandhill Close
Priestley Av
Thackeray Avenue
Bronte Place
Dickens Rd
Eastfield Place
Moordale View
Leverick Drive
The Bridle Way
Hollywell Cl
Kilnhurst Road
Roman Crs
Cemetery
Rawmarsh Community Sch Sports College
Rosehill Road
Park St
Dale St
Quarry St
Richards Way
Main Street
South Street
Ryecroft Infant School
Bisby Rd
Tinker Rd
Evelyn St
Rose Crs
Lime Tree Crs
Bevin Pl
Keir Pl
Hall Rd
Sandhill JMI School
Coronation Road
Ryecroft Road
Osberton St
Southwell Rd
Wheatcroft Rd
Brunt Road
Murray Road
St Nicholas Road
Stewarts Road
Rockingham Rd
Marrion Road
Heatons Bank
Arcon Pl
Surgery
Walker View
Walker Street
Swallow Crs
Thrybergh
Middle Avenue
East Avenue
DALE ROAD
BLYTH AVENUE
Knapton Av
Mahon Av
Goodwin Av
Jockell Dr
West Avenue
Willow Av
Carth
Brameld Road
Peashill St
George St
Rawmarsh St Marys CE Primary School
Dale Road
Hawley St
New St
Chapel St
Oates St
St Mary's Road
Ingshead Avenue
Avenue
Clay Pit Lane
Hawthorne Av
Beech Av
Ash Grove
Roundwood Grove
Rawmarsh Shopping Centre
Stock's La
Bellows Rd
Greenfield Cl
Green Lane
The Gv
Green Acres
Pottery Cl
Barber's Crs
Rawmarsh St Josephs RC Primary School
Cardew Cl
Rockcliffe Road
HIGH ST
Church St
Wentworth Dr
Fitzwilliam Court
Carlton Rd
Barber's Av
Vesey St
Spalton Rd
Boundary Gn
Rawmarsh Leisure Centre
Rawmarsh CC
Netherfield Lane
Turner
William Street
Occupation Road
1 grid square represents 500 metres

Denaby
Market St
BRIDGE STREET
Walker St
Coronation Rd
New Station Rd
Wharf St
Dun St
Swinton Station
Business Park
Meadow Wy
Swinton Meadows Industrial Est
Meadow
Lane
38
The Green
The Courtyard
Works
47
48
River Don
Engine House Farm
Grange Farm
Denaby Lane
Denaby Common
Doncaster
Rotherham
Hooton Common
Holmes Lane
Works
Road
Springfield Road
Beighton Road
Wharf
HOOTON ROAD
VICTORIA ST
Works
Wheatley Rd
Greenwood Rd
Glasshouse Road
Charles St
Thomas St
Noblethorpe Road
Kilnhurst J&I School
B6090
KILNHURST
ROAD
Howdike Lane
Holmes Lane
The Warping
Ho
Ro
Back Lane
Kilnhurst Business Park
River Don
Carr Lane
A630
B6093
Rotherham Golf Club
Thrybergh Park
Golf Course
Thrybergh Country Park
RAVENFIELD
Thrybergh Reservoir
Raven Park
Hall Ms
Hall Ct
F
G
H
J
K
1
2
3
4
5
6
99
98
97
396
50

CONISBROUGH

Conanby

Hill Top

Hooton Roberts

1 grid square represents 500 metres

Conisbrough 51

1 grid square represents 500 metres

F
G
H
J
K
42
57
58
99
98
97
396
1
2
3
4
5
6
54
Loversall
Surgery
Skipwith Close
Bubup Hill
Wadworth Hill
Rake's Lane
Stump Cross
White Cross Lane
Junction 2/35
A1(M)
A60
WADWORTH HILL A60
Tofield Road
White Cross Lane
Mill Farm
Daw Lane
Works
Gospel Well
Wadworth Hall Lane
Rockcliffe Drive
Redhill Court
Whitbeck Close
MAIN STREET
Osberton Street
High Street
Walnut Tree Hl
Ratten Row
Beancroft Close
Old School Lane
Well Lane
PO
Carr Lane
Manor House
Church La
Church Road
Newtree Drive
CHURCH ROAD
Manor Rise
Meadow Rd
Crossgates
Wadworth
Wadworth County Primary School
Windmill Drive
Church View
Green Lane
Short Gate
B6094
WILSIC ROAD
New Road
Grange Farm
Wilsic Road
Wellingley Lane
Wilsic Hall School
Home Farm
Wilsic
Wadworth Bar

1 grid square represents 500 metres

New Rossington 55

Micklebring
Hooton Levitt
Greaves Sike Lane
Coal Pit Lane
Aldrens Close
Back Lane
Micklebring Lane
Birchwood
DONC
Church Grove
Cardwell
HIGH ST
Holywell Crescent
B6427
Ashton Lane
Moor Lane
Marsh Hill
Hoyle
Croft Lane
Foredoles Farm
Fordoles Head Lane
BRAITHWELL ROAD
B6376
Haids Lane
Doncaster
Rotherham
Amory's Holt Drive
Amory's Holt Road
Huntington Way
Haids Road
Haids Close
Dale Hill Road
Acre Close
Upton Close
Bowman Dr
Rolling Dales Cl
Revill Cl
Upperfield Road
Upperfield Close
Quarryfield
Thompson Cl
Trueman Gn
Crossley Close
Conrad Dr
Holt Way
Amory's
Braeburn Cl
Empire Drive
Egremont Rise
Orchard Gv
Russett Ct
Pippin Ct
Pearmain Dr
Ida Gv
Laxton Cl
Discovery Way
Gala Crs
Birch Green Close
Ash Court
Victoria Way
Littlehe
Lilly Hall
Scott Cl
Cook Av
Magellan Rd
Armstr Walk
Frobisher Gv
Yarwell
Drive
Avon Cl
Bishopston Wk
Clifton Rise
Redland Way
Peel Cl
Bevan Crescent
Newland Avenue
Palmerston Brow
Hill Road
Disraeli Grove
Tasman Gv
Bonington Rise
Columbus Way
Lilly Hall Farm
Hilltop Close
Hilltop Special School
Larch Road
Yew Tree Road
Hollytree Avenue
Chestnut Grove
Elm Tree Road
Redwood Drive
Cedar Drive
Willow Road
Maple Avenue
Rowan Rise
Hazel Road
Cliff Hill
Cliff Hills Cl
Almond Cl
Acacia Avenue
Laburnum Road
Lesley Avenue
Beech Road
Addison
Linden Grove
Oak Road
Lilac Grove
Hawthorn Avenue
Cherry Tree Road
Lilly Hall Road
Maltby Redwood JM&I School
Works
Warwick Rd
East View
Kevin Grove
ROTHERHAM ROAD
A631
Maltby Lilly Hall Junior School
Youth & Comm Centre
Maltby Hall Infant School
Maltby Comprehensive School
Dunstan Rd
Rolleston Avenue
Milton Street
All Hallows Dr
Ltl Haynooking Lane
Chadwick Dr
Salisbury Road
Norwood Av
Plantation
Cheetham Dr
Davy Drive
Manor Road
Maltby Manor Primary School
School Walk
Manorwood Av
Manor Close
Limesway
Maltby Sports Centre & Pool
Fire Stn
Health Centre
Cncl Bldg
Police Stn
Cross St
HIGH STREE
Greenland Av
Morrison Av
Churchill Av
Arnside Road
Cartmel Cl
Greenland Av S
Clarend Pl
Devonshire Rd
Russell Pl
Portland
Charn
Millindale
Carlyle Rd
Southey Crescent
Open Mkt
Byron Road
Burns Rd
A634
BLYTH ROAD
Blyth Road
Church La
Church Cl
Surg
Foxcroft Mdw
Meadow Lane
Maltby Dike
Morrell
Haynurst Crs
Maltby Crags J&I School
Carr Lane
Joan Hooton Lane
Lane
S66
Copper Beech Crs
Carr Lane
Wood Lee
A B C D E
1 2 3 4 5 6
451 52 53
94 93 392
1 grid square represents 500 metres

Maltby 57

58

Tickhill

1 grid square represents 500 metres

Limpool Farm
F
G
H
J
K
60
61
62
Hopyard Lane
Dumpling Castle
Tickhill High Common
I
Lane
A1(M)
Sheepwash Lane
Common
High
Langdale Drive
Langdale Cl
Lane
Alderson Close
The Oval
Alderson Drive
Holly Cft Grove
Paper Mill Lane
Works
2
Beech Avenue
Walnut Av
Vine Rd
Nettle Cft
Spital Hill
3
AND STREET A631
A631
York Rd
Meadow Drive
Sunderland Pl
Stripe Road
60
Broom Close
Lumley Dr
Crescent
BLYTH ROAD
93
94
Moorhouse Farm
BAWTRY ROAD
4
TICKHILL
ROAD
B6463
Moor Road
Top
Meadow Way
Rutland Crescent
Sherwood Rd
Hawkins Close
Grange
Sandrock Road
Bawtry Road
Beech Rd
Whitby Road
Lindsey Road
5
Tickhill Low Common
Oxford Drive
Greenwood Av
Whinny Haugh Lane
Smith Sq
Thompson Av
Amanda Road
A1(M)
Harworth
Lane
Devonshire Road
Rd
Festival Ave
York Rd
Thorne Cl
Thornhill Rd
Briar Ct
Briar Gv
Bracken Way
Holly Ct
Bramble Wy
Church Wk
Church La
Gregory Crs
Gregory Crs
PO
Cemetery
Bawtry Cl
Saxon Way
Mayfair Cl
Willow Grove
Russell Av
6
Common
Lane
Low Common
Thornhill Rd
MAIN STREET
Bawtry
Harworth CE Primary School
Hill
The Green
B6463
62
60
61
F
G
H
J
K
ROAD
Mine

A
B
C
D
E
462
63
64
1
2
3
4
5
6
94
93
392
59
B6463
Martin Beck
Tickhill High Common
Martin
Martin Beck Lane
Martin Lane
Common Lane
Tickhill Grange
Works
Swinnow Wood
BAWTRY ROAD
Doncaster
Nottinghamshire County
TICKHILL ROAD A631
Plumtree Farm Industrial Estate
Plumtree Road
Res
Grange View
Grange Dr
Grange View
Buckingham Court
Bawtry Road
Dorchester Road
Harworth Medical Centre
West Street
East Street
Sandymount
Festival Avenue
Beverley Road
York Rd
Grosvenor Rd
Woodside View
Bircotes & Harworth Community School
Bircotes Sports Centre
St Patricks Catholic Primary School
Snipe Park Rd
Crewe Rd
Shrewsbury Road
Talbot Road
Gilbert Road
Waterslack
Howard Rd
Norfolk Road
Norfolk Drive
The Crescent
Church Road
White House Drive
White House Road
Whitehouse Ct
Winchester Mews
Droversdale Road
Moncktón Rd
Essex Road
Essex Dr
Suffolk Road
Suffolk Gv
Suffolk Av
Norfolk Gv
Norfolk Av
Cumberland Close
Westmorland Ct
Milne Drive
Milne Av
Milne Gv
Galway Av
Galway Drive
Galway Road
Bircotes
Sherwood Rd
Hawkins Close
Whitby Road
Lindsey Road
Beech Rd
Greenwood Av
Saxon Way
Russell Av
Willow Grove
Top Court
Hill
Harworth CE Primary School
Scrooby Close
Rayton Ct
Herriot
Alexandra Road
Khan Medical Centre
PO
Scrooby Road
Colliery Rd
Galway
Droversdale
Mine
1 grid square represents 500 metres

Bawtry 61

Austerfield
Newington
Bawtry
Scaftworth

62 Index - towns & villages

Adwick Le Street............17F6	Canal Side............14E3	High Melton............39K1	Old Denaby............38E6	Stone Hill............2
Adwick upon Dearne............38C1	Cantley............35 J6	Hill Top............50C4	Old Edlington............51K4	Sunnyfields............3
Almholme............27C1	Carcroft............17G1	Hooton Roberts............50A5	Owston............9 J6	Sutton............
Arksey............26E3	Clifton............51H6	Hyde Park............2D6	The Parks............21H4	Swinton............4
Armthorpe............35H1	Conanby............50C1	Instoneville............9K1	Piccadilly............48C2	Swinton Bridge............3
Askern............10A2	Conisbrough............39 J6	Intake............34B3	Pickburn............24B2	Thorne............1
Auckley............45 J2	Cusworth............32B2	Kilnhurst............48E4	Rawmarsh............48B6	Thorpe in Balne............1
Balby............42B2	Denaby Main............39G5	Kirk Bramwith............12B5	Rossington............55H2	Tickhill............5
Barnburgh............30A4	Doncaster............3H5	Kirk Sandall............28B2	Rostholme............25K3	Tilts............1
Barnby Dun............20C4	Dunscroft............21 J5	Lidget............45 J3	Ryecroft............48B4	Toll Bar............2
Bawtry............61H3	Dunsville............21C6	Littleworth............55K2	Sandhill............48C4	Trumfleet............
Belle Vue............3 K7	Edenthorpe............28C4	Long Sandall............27K2	Scaftworth............61 J6	Wadworth............5
Bentley............26B6	Far Bank............13H1	Loversall............53 J1	Scawsby............32C1	Walden Stubbs............
Bentley Rise............25 K6	Finningley............46D6	Maltby............56E5	Scawthorpe............25H5	Warmsworth............4
Bessacarr............44A2	Fishlake............13K1	Marr............24A6	Shaftholme............18C6	Waterside............1
Bircotes............60D6	Hangsman Hill............6D5	Mexborough............38B2	Skelbrooke............8A4	Wath upon Dearne............3
Blaxton............46C3	Harworth............59 J6	Moorends............7 J3	Skellow............16E1	West End............2
Bow Broom............37 J5	Hatfield............21G3	New Edlington............52B2	Slay Pits............22C4	West Melton............3
Braithwaite............12A4	Hatfield Woodhouse............22E5	Newhill............36E5	South Bramwith............12C6	Wheatley............3
Brampton............36A3	Hay Field............45G5	Newington............61K1	Spital Hill............59 J3	Wheatley Hills............3
Brierholme Carr............22E2	Hayfield Green............45 J6	New Rossington............54E3	Sprotbrough............32B5	Wheatley Park............2
Burghwallis............9F5	Haywood............10E3	Newton............32E4	Stainforth............13H5	Wike Well End............1
Cadeby............40B3	Hexthorpe............32E5	New Village............26C3	Stainton............57 J2	Windhill............3
Campsall............9H1	Highfields............25G3	Norton............4B4	Stockbridge............26C3	Woodlands............2

USING THE STREET INDEX

Street names are listed alphabetically. Each street name is followed by its postal town or area locality, the Postcode District, the page number, and the reference to the square in which the name is found.

Standard index entries are shown as follows:

Abbey Dr *HTFD* DN7 .... **21** J3

Street names and selected addresses not shown on the map due to scale restrictions are shown in the index with an asterisk.

Adwick Ct *MEX/SWTN* S64 ....**38** D5

GENERAL ABBREVIATIONS

ACC............ACCESS	CR............CREEK	GAL............GALLERY	LK............LOCK	PLNS............PL
ALY............ALLEY	CREM............CREMATORIUM	GDN............GARDEN	LKS............LAKES	PLZ............PL
AP............APPROACH	CRS............CRESCENT	GDNS............GARDENS	LNDG............LANDING	POL............POLICE STAT
AR............ARCADE	CSWY............CAUSEWAY	GLD............GLADE	LTL............LITTLE	PR............PRI
ASS............ASSOCIATION	CT............COURT	GLN............GLEN	LWR............LOWER	PREC............PRECI
AV............AVENUE	CTRL............CENTRAL	GN............GREEN	MAG............MAGISTRATE	PREP............PREPARAT
BCH............BEACH	CTS............COURTS	GND............GROUND	MAN............MANSIONS	PRIM............PRIM
BLDS............BUILDINGS	CTYD............COURTYARD	GRA............GRANGE	MD............MEAD	PROM............PROMEN
BND............BEND	CUTT............CUTTINGS	GRG............GARAGE	MDW............MEADOWS	PRS............PRINC
BNK............BANK	CV............COVE	GT............GREAT	MEM............MEMORIAL	PRT............P
BR............BRIDGE	CYN............CANYON	GTWY............GATEWAY	MI............MILL	PT............P
BRK............BROOK	DEPT............DEPARTMENT	GV............GROVE	MKT............MARKET	PTH............P
BTM............BOTTOM	DL............DALE	HGR............HIGHER	MKTS............MARKETS	PZ............PIA
BUS............BUSINESS	DM............DAM	HL............HILL	ML............MALL	QD............QUADR
BVD............BOULEVARD	DR............DRIVE	HLS............HILLS	MNR............MANOR	QU............QU
BY............BYPASS	DRO............DROVE	HO............HOUSE	MS............MEWS	QY............Q
CATH............CATHEDRAL	DRY............DRIVEWAY	HOL............HOLLOW	MSN............MISSION	R............R
CEM............CEMETERY	DWGS............DWELLINGS	HOSP............HOSPITAL	MT............MOUNT	RBT............ROUNDAB
CEN............CENTRE	E............EAST	HRB............HARBOUR	MTN............MOUNTAIN	RD............R
CFT............CROFT	EMB............EMBANKMENT	HTH............HEATH	MTS............MOUNTAINS	RDG............RI
CH............CHURCH	EMBY............EMBASSY	HTS............HEIGHTS	MUS............MUSEUM	REP............REPU
CHA............CHASE	ESP............ESPLANADE	HVN............HAVEN	MWY............MOTORWAY	RES............RESER
CHYD............CHURCHYARD	EST............ESTATE	HWY............HIGHWAY	N............NORTH	RFC............RUGBY FOOTBALL C
CIR............CIRCLE	EX............EXCHANGE	IMP............IMPERIAL	NE............NORTH EAST	RI............
CIRC............CIRCUS	EXPY............EXPRESSWAY	IN............INLET	NW............NORTH WEST	RP............R
CL............CLOSE	EXT............EXTENSION	IND EST............INDUSTRIAL ESTATE	O/P............OVERPASS	RW............R
CLFS............CLIFFS	F/O............FLYOVER	INF............INFIRMARY	OFF............OFFICE	S............SO
CMP............CAMP	FC............FOOTBALL CLUB	INFO............INFORMATION	ORCH............ORCHARD	SCH............SCH
CNR............CORNER	FK............FORK	INT............INTERCHANGE	OV............OVAL	SE............SOUTH E
CO............COUNTY	FLD............FIELD	IS............ISLAND	PAL............PALACE	SER............SERVICE A
COLL............COLLEGE	FLDS............FIELDS	JCT............JUNCTION	PAS............PASSAGE	SH............SH
COM............COMMON	FLS............FALLS	JTY............JETTY	PAV............PAVILION	SHOP............SHOPP
COMM............COMMISSION	FM............FARM	KG............KING	PDE............PARADE	SKWY............SKY
CON............CONVENT	FT............FORT	KNL............KNOLL	PH............PUBLIC HOUSE	SMT............SUM
COT............COTTAGE	FTS............FLATS	L............LAKE	PK............PARK	SOC............SOC
COTS............COTTAGES	FWY............FREEWAY	LA............LANE	PKWY............PARKWAY	SP............S
CP............CAPE	FY............FERRY	LDG............LODGE	PL............PLACE	SPR............SPR
CPS............COPSE	GA............GATE	LGT............LIGHT	PLN............PLAIN	SQ............SQUA

POSTCODE TOWNS AND AREA ABBREVIATIONS

ARMTH............Armthorpe	CONI............Conisbrough	EPW............Epworth	NROS/TKH............New Rossington/Tickhill	THNE............Tho
AWLS/ASK............Adwick Le Street/Askern	DEARNE............Wath upon Dearne/Bolton upon Dearne	GLE............Goole	PONT............Pontefract	WHHL............Wheatley
BTLY............Bentley	DON............Doncaster Town Centre	HTFD............Hatfield	RAW............Rawmarsh	WMB/DAR............Wombwell/Darf
BWTY............Bawtry	DONS/BSCR............Doncaster south/Bessacarr	MALT............Maltby		
		MEX/SWTN............Mexborough/Swinton	RHAM/THRY............Rotherham/Thrybergh	

Abb - Alb

Index - streets

A

Abbey Dr *HTFD* DN7 ....**21** J3	**Abbey Wy** *HTFD* DN7............**21** J2	**Acacia Gv** *CONI* DN12............**50** D3	**Adlard Rd** *WHHL* DN2............**34** C1	**Airedale Av**
Abbeyfield Rd *HTFD* DN7............**21** H3	**The Abbe's Cl** *AWLS/ASK* DN6............**9** F4	**Acacia Rd** *AWLS/ASK* DN6............**16** E1 *DONS/BSCR* DN4............**44** B1	**Adwick Av** *BTLY* DN5............**17** K6 **Adwick Ct**	*NROS/TKH* DN11............**58**
Abbeyfields *EPW* DN9............**46** C6	**The Abbe's Wk** *AWLS/ASK* DN6............**9** H5	**Acer Cft** *ARMTH* DN3............**35** J2 *DONS/BSCR* DN4............**44** D2	*MEX/SWTN* S64 *............**38** D5	**Airstone Rd** *AWLS/ASK* DN6............**9 Aisby Dr** *NROS/TKH* DN11............**55**
Abbey Gdns *HTFD* DN7............**21** J4	**Abbott St** *DONS/BSCR* DN4............**2** B5	**Acomb Common Rd**	**Adwick La** *AWLS/ASK* DN6............**17** J5	**Aitken Rd** *MEX/SWTN* S64............**48**
Abbey Gn *HTFD* DN7............**21** J5	**Aberconway Crs** *NROS/TKH* DN11............**55** G3	*HTFD* DN7............**22** D3	**Adwick Pk** *DEARNE* S63............**37** K4	**Albany La** *NROS/TKH* DN11............**55**
Abbey Gv *HTFD* DN7............**21** J5	**Abercorn Rd** *WHHL* DN2............**34** D3	**Acre Cl** *ARMTH* DN3............**28** B3 *MALT* S66............**56** C3	**Adwick Rd** *MEX/SWTN* S64............**38** B2	**Albany Rd** *DONS/BSCR* DN4............**42**
Abbey Rd *HTFD* DN7............**21** J4	**Abingdon Rd** *WHHL* DN2............**34** C2	**Addison Rd** *MALT* S66............**56** B5 *MEX/SWTN* S64............**38** D4	**Ainsley Cl** *EPW* DN9............**45** H2 **Aintree Av**	*MEX/SWTN* S64............**48**
Abbey Wk *BTLY* DN5............**32** D2	**Acacia Av** *MALT* S66............**56** B5 **Acacia Ct** *BTLY* DN5............**26** A3	**Adelaide Rd** *AWLS/ASK* DN6............**4** C4	*DONS/BSCR* DN4............**34** E5 **Aintree Cl** *BTLY* DN5............**32** C2 **Aintree Dr** *MEX/SWTN* S64............**38** D5	**Albert Rd** *DEARNE* S63............**36** *MEX/SWTN* S64............**38** **Albert St** *MALT* S66............**57**

Alb – Bra 63

EX/SWTN S64....37 K5
INE DN8....15 G1
n Pl DON DN1....3 G4
n Ter DONS/BSCR DN4....2 A7
n Rd DONS/BSCR DN4..41 J3
liffe Crs
DNS/BSCR DN4....41 K5
rford Dr
DNS/BSCR DN4....42 B5
r Gv DONS/BSCR DN4....41 K2
INE DN8....7 G4
r Holt Cl ARMTH DN3....35 K2
rsgate Cl
ROS/TKH DN11....55 H3
rson Av RAW S62....48 A5
rson Cl
ROS/TKH DN11....59 F2
rson Dr
ROS/TKH DN11....59 F2
HHL DN2....3 K4
rvale Cl
EX/SWTN S64....48 E3
sworth Rd
DNS/BSCR DN4....35 F6
n Wy MALT S66....56 C4
ander St BTLY DN5....26 B4
andra Rd
WLS/ASK DN6....17 H5
TLY DN5....26 B4
ONS/BSCR DN4....42 A1
EX/SWTN S64....38 D4
ROS/TKH DN11....60 B6
INE DN8....7 H3
andra St MALT S66....56 E6
INE DN8....7 F6
ed Rd AWLS/ASK DN6....9 J2
red Crs MEX/SWTN S64..48 D2
nby Crs
ROS/TKH DN11....55 F3
ndale Gdns BTLY DN5....32 E4
ndale Rd BTLY DN5....32 E4
ton St DON DN1....2 E2
allowes Dr MALT S66....56 C6
ROS/TKH DN11....58 D3
s Rd ARMTH DN3....45 G1
holme La BTLY DN5....19 F6
ond Av ARMTH DN3....28 D6
ond Cl MALT S66....56 B5
ond Rd
ONS/BSCR DN4....44 B1
a Ct THNE DN8....14 D1
on Cl DONS/BSCR DN4....43 K2
on Rd DONS/BSCR DN4..43 K3
rley La
ONS/BSCR DN4....42 A5
yn Av BTLY DN5....25 J6
yn Rd THNE DN8....15 G2
anda Dr HTFD DN7....21 K4
anda Rd
ROS/TKH DN11....59 K6
bassador Gdns
RMTH DN3....35 K2
berley Ri
WLS/ASK DN6....16 D1
bleside Crs BTLY DN5....31 K6
brose Av HTFD DN7....22 A3
erica La DEARNE S63....36 C6
ersall Ct BTLY DN5....25 J6
ersall Crs BTLY DN5....25 J5
ersall Rd BTLY DN5....25 J5
ory's Holt Cl MALT S66....56 C3
ory's Holt Dr MALT S66....56 C3
ory's Holt Rd MALT S66....56 C3
ory's Holt Wy MALT S66..56 B4
well Gn HTFD DN7....21 J5
y Rd BTLY DN5....26 C2
chorage Crs BTLY DN5....33 F3
chorage La BTLY DN5....32 E3
ient La HTFD DN7....22 C6
lay Rd
ONS/BSCR DN4....41 K2
ield Rd
ONS/BSCR DN4....44 A2
a Rd AWLS/ASK DN6....9 K2
dell Rd BTLY DN5....26 B3
ten Crs
ONS/BSCR DN4....35 F6
ult Ct BTLY DN5....26 A5
ey Rd DON DN1....3 F6
ollo St RAW S62....48 C4
ostle Cl DONS/BSCR DN4..41 J3
oleby Pl AWLS/ASK DN6....16 D1
oleby Rd WHHL DN2....34 D3
ole Gv EPW DN9....45 J5
olehaigh Dr ARMTH DN3..20 A6
olehurst La
WLS/ASK DN6....19 G2
oleton Gdns BTLY DN5....26 A5
oleton Wy BTLY DN5....26 A5
oletree Wy
ONS/BSCR DN4....44 C4
y Hill La
VROS/TKH DN11....58 A2
on Pl RAW S62....48 B5
een Rd WHHL DN2....34 B3
en Ga DONS/BSCR DN4....41 K5
ron Wk RAW S62....48 C5
osy Cl BWTY DN10....61 F2

Argyle La *NROS/TKH* DN11....55 F2
Argyle St *MEX/SWTN* S64....38 C4
Argyll Av *WHHL* DN2....34 C2
Arklow Rd *WHHL* DN2....34 B3
Arksey Common La
BTLY DN5....26 E3
Arksey La *BTLY* DN5....26 B4
Arkwright Rd *BTLY* DN5....32 E2
Arlott Wy *CONI* DN12....41 G6
Armitage Rd
DONS/BSCR DN4....41 K2
Armstrong Wk *MALT* S66....56 C4
Armthorpe La *ARMTH* DN3...20 C6
WHHL DN2....34 B2
Armthorpe Rd *WHHL* DN2....34 B2
Arnold Crs *MEX/SWTN* S64...38 C3
Arnside Rd *MALT* S66....56 E4
Arren Cl *ARMTH* DN3....20 B3
Arthur Av *BTLY* DN5....26 B3
Arthur Pl *BTLY* DN5....26 B3
Arthur St *BTLY* DN5....26 B2
RAW S62....48 B4
Arundel Gdns *BTLY* DN5....25 K5
Arundel Rd *AWLS/ASK* DN6....4 C4
Ascension Cl *MALT* S66....56 E6
Ascot Av *DONS/BSCR* DN4....34 E6
Ascot Cl *MEX/SWTN* S64....38 D3
Ascot Dr *BTLY* DN5....32 C1
Ashburnham Cl
AWLS/ASK DN6....4 D4
Ashburnham Gdns
BTLY DN5....32 D4
Ashburnham Rd *THNE* DN8..14 E2
Ashburnham Wk
AWLS/ASK DN6....4 D4
Ashburton Cl
AWLS/ASK DN6....16 E5
Ash Ct *BTLY* DN5....32 C6
MALT S66....56 B4
Ashcourt Dr
DONS/BSCR DN4....42 B5
Ash Crs *MEX/SWTN* S64....38 A3
Ashdale Cl *ARMTH* DN3....28 B4
Ash Dale Rd
DONS/BSCR DN4....41 F5
Ashdene Ct
MEX/SWTN S64....48 E3
Ashdown Pl *BTLY* DN5....25 J5
Ashfield Av *THNE* DN8....14 E3
Ashfield Cl *ARMTH* DN3....35 K2
Ashfield Gv *HTFD* DN7....13 H5
Ashfield Rd
DONS/BSCR DN4....42 A3
HTFD DN7....21 H4
THNE DN8....14 C4
Ash Field Rd
AWLS/ASK DN6....19 G3
Ash Gv *ARMTH* DN3....28 E6
CONI DN12....50 D2
EPW DN9....45 J6
MALT S66....57 F4
RAW S62....48 B6
Ash Hill Crs *HTFD* DN7....21 K4
Ash Hill Rd *HTFD* DN7....21 K4
Ashley Ct *EPW* DN9....46 A6
Ash Mt *RAW* S62 *....48 A6
Ash Rdg *MEX/SWTN* S64....48 E1
Ash Rd *AWLS/ASK* DN6....17 F1
DEARNE S63....37 F4
Ashton Av *BTLY* DN5....25 H4
Ashton Dr *ARMTH* DN3....28 A1
Ashton La *MALT* S66....56 D1
Ash Tree Av *BWTY* DN10....61 F3
Ash Tree Rd *THNE* DN8....15 F3
Ash Vls *HTFD* DN7 *....21 H1
Ashville *NROS/TKH* DN11....55 H3
Ashwood Cl *ARMTH* DN3....44 E2
Askern Grange La
AWLS/ASK DN6....10 C1
Askern Rd *AWLS/ASK* DN6....17 J2
BTLY DN5....26 A1
Askrigg Cl
DONS/BSCR DN4....44 B2
Aspen Cl *ARMTH* DN3....28 B4
Aspen Wy *MEX/SWTN* S64....48 D3
Asquith Rd *BTLY* DN5....26 B4
Astcote Ct *ARMTH* DN3....28 A1
Aston Gn *HTFD* DN7....21 J5
Atebanks Ct
DONS/BSCR DN4....42 B5
Athelstane Crs
ARMTH DN3....28 B2
Athelstane Rd *CONI* DN12....50 E1
Atholl Crs *WHHL* DN2....34 D2
Athron St *DON* DN1 *....3 F1
Atterby Dr
NROS/TKH DN11....55 H1
Attlee Av *NROS/TKH* DN11....54 E2
Attlee Cl *MALT* S66....57 F6
Auburn Rd *CONI* DN12....52 A1
Auckland Rd
MEX/SWTN S64....38 D4
WHHL DN2....33 K2
Austen Av
DONS/BSCR DN4....41 J3
Austwick Cl
DONS/BSCR DN4....41 K5
Autumn Dr *MALT* S66....56 E4

Avenue Rd *AWLS/ASK* DN6....9 K2
DEARNE S63....37 G3
WHHL DN2....33 K2
The Avenue *AWLS/ASK* DN6....9 K2
BTLY DN5....26 C4
DONS/BSCR DN4....34 D6
MALT S66....57 J2
THNE DN8....7 G3
Aviemore Rd
DONS/BSCR DN4....41 J3
Avoca Av *WHHL* DN2....34 B3
Avon Cl *MALT* S66....56 D4
Avon Ct *EPW* DN9....45 J2
Avondale Rd *WHHL* DN2....34 B4
Axholme Ct *WHHL* DN2....3 J1
Axholme Gn *THNE* DN8....15 G3
Axholme Rd *WHHL* DN2....33 K2
Aylesbury Rd *WHHL* DN2....34 C3
Ayots Gn *HTFD* DN7....21 J5
Ayrsome Wk
DONS/BSCR DN4....44 A1
Aysgarth Cl
DONS/BSCR DN4....44 B2
Ayton Wk *BTLY* DN5....26 A2

B

Back Field La *HTFD* DN7....22 B4
Back La *AWLS/ASK* DN6....9 G1
BTLY DN5....32 B2
CONI DN12....51 K4
EPW DN9....46 B4
HTFD DN7....13 G5
MALT S66....51 G6
RHAM/THRY S65....50 A5
Back Rw *NROS/TKH* DN11 *..55 J2
Badger La *AWLS/ASK* DN6....5 F1
Badgers Holt *ARMTH* DN3....45 F1
Badsworth Rd
DONS/BSCR DN4....41 G4
Bahram Rd
DONS/BSCR DN4....43 J1
Bailey La *THNE* DN8....14 B5
Bailey Ms *BTLY* DN5....25 J4
Bainbridge Rd
DONS/BSCR DN4....2 B7
Baines Av *CONI* DN12....51 K2
Balby Carr Bank
DONS/BSCR DN4....42 D2
Balby Rd *DONS/BSCR* DN4....42 B1
Balcarres Rd
NROS/TKH DN11....55 G2
Balfour Rd *BTLY* DN5....26 C4
The Balk *BTLY* DN5....18 E5
Ballam Av *BTLY* DN5....25 J4
Balmoral Rd *HTFD* DN7....21 J3
WHHL DN2....3 J1
Banbury Cl *CONI* DN12....39 K6
Bank End Rd *EPW* DN9....46 D4
Bank St *DON* DN1....33 H6
MEX/SWTN S64....38 C5
Bankwood Crs
NROS/TKH DN11....54 E1
Bankwood La
NROS/TKH DN11....43 K6
Bannister La *AWLS/ASK* DN6..8 A4
Barbers Pth
MEX/SWTN S64....38 B3
Barber's Crs *RAW* S62....48 A6
Bardolf Rd
DONS/BSCR DN4....35 F6
Bardon Rd *ARMTH* DN3....28 B3
Barker St *MEX/SWTN* S64....38 A4
Barnburgh Hill Gdns
BTLY DN5....30 A4
Barnby Dun Rd *WHHL* DN2..27 J5
Barnet Gn *HTFD* DN7....21 J5
Barnsdale Ms
AWLS/ASK DN6....9 G1
Barnsdale Vw
AWLS/ASK DN6....4 A3
Barnsley Av *CONI* DN12....50 D1
Barnsley Rd *BTLY* DN5....24 E6
DEARNE S63....36 C1
THNE DN8....7 H4
Barnstone St
DONS/BSCR DN4....33 F6
Barrel La *DONS/BSCR* DN4....41 H3
Barret Rd *DONS/BSCR* DN4..35 G6
Barrie Rd *DONS/BSCR* DN4..42 B3
Barton La *ARMTH* DN3....35 H1
Barton Pl *CONI* DN12....50 E2
Basil Av *ARMTH* DN3....28 A6
Bassey Rd *ARMTH* DN3....45 G1
Bass Ter *DON* DN1 *....3 G3
Battison La *DEARNE* S63....36 D5
Baulk La *NROS/TKH* DN11....59 K5
Bawtry Cl *NROS/TKH* DN11....59 K6
Bawtry Rd *BWTY* DN10....61 H2
DONS/BSCR DN4....34 B5
EPW DN9....46 D6
HTFD DN7....22 D6
NROS/TKH DN11....59 K6
Baxter Av *WHHL* DN2....3 G1
Baxter Ct *DON* DN1....3 G1

Baxter Ga *DON* DN1....2 D3
Baytree Gv *EPW* DN9....45 H5
Beacon La *MALT* S66....51 G6
Beaconsfield Rd
DONS/BSCR DN4....33 F6
Beaconsfield St
MEX/SWTN S64 *....38 B4
Beacon Sq *MALT* S66....51 H6
Beancroft Cl
NROS/TKH DN11....53 H4
Bearswood Gv *HTFD* DN7 *..23 F3
Beaufont Gdns
BWTY DN10....61 F3
Beaufort Rd *WHHL* DN2....34 C3
Beaumont Av
AWLS/ASK DN6....16 D5
Beck Cl *MEX/SWTN* S64....48 E2
Beckett Rd *WHHL* DN2....33 K2
Becknoll Rd *WMB/DAR* S73..36 A1
Bedale Rd *BTLY* DN5....25 H6
Bedford St *MALT* S66....57 F6
Beecham Ct
MEX/SWTN S64....48 D2
Beech Av *EPW* DN9....45 J5
NROS/TKH DN11....59 F3
RAW S62....48 C6
Beech Cl *MALT* S66....56 B5
Beech Crs *HTFD* DN7....13 H5
MEX/SWTN S64....38 A4
Beechcroft Rd
DONS/BSCR DN4....41 J3
The Beeches *ARMTH* DN3....28 B1
MEX/SWTN S64....48 D1
Beechfield Rd *DON* DN1....3 F6
HTFD DN7....21 H4
Beech Gv *BTLY* DN5....26 B5
CONI DN12....50 E2
DONS/BSCR DN4....41 G3
Beech Hl *CONI* DN12....51 F2
Beech Rd *ARMTH* DN3....28 D6
AWLS/ASK DN6....4 C6
AWLS/ASK DN6....16 E2
DEARNE S63....37 G3
MALT S66....56 B5
NROS/TKH DN11....55 H3
NROS/TKH DN11....60 A5
Beech Tree Av *THNE* DN8....15 G3
Beech Tree Cl *ARMTH* DN3....35 J6
Beechville Av
MEX/SWTN S64....48 D2
Beechwood Cl *ARMTH* DN3..28 C4
DEARNE S63....37 F6
RAW S62....48 C4
Beechwood Ct *HTFD* DN7....21 K5
Beighton Rd
MEX/SWTN S64....49 F3
Belfry Gdns
DONS/BSCR DN4....44 C2
Belgrave Ct *BWTY* DN10 *....61 F3
Bell Butts La *EPW* DN9....45 H3
Bell Croft La
AWLS/ASK DN6....19 F2
Bellerby Pl *AWLS/ASK* DN6....16 D1
Bellerby Rd
AWLS/ASK DN6....16 D1
Belle Vue Av
DONS/BSCR DN4....34 B5
Belle Vue Rd
MEX/SWTN S64....38 C4
Belle Vue Ter *THNE* DN8....15 F2
Bellows Cl *RAW* S62....48 A6
Bellows Rd *RAW* S62....48 A6
Bellrope Acre *ARMTH* DN3....35 J2
Bellwood Crs *THNE* DN8....14 E1
Bell's Cl *EPW* DN9....46 C5
Belmont Av
DONS/BSCR DN4....33 H6
Belmont Cl *ARMTH* DN3....45 G1
Belmont St *MEX/SWTN* S64..38 B5
Belvedere
DONS/BSCR DN4....41 K3
Belvedere Cl
AWLS/ASK DN6....10 B1
Belvedere Dr *THNE* DN8....7 G4
Benita Av *MEX/SWTN* S64....38 E5
Bennett Cl *RAW* S62....48 C4
Bennetthorpe *WHHL* DN2....3 K5
Bentinck Cl *DON* DN1....2 E6
Bentinck St *CONI* DN12....51 G1
Bentley Av
DONS/BSCR DN4....33 F5
Bentley Common La
BTLY DN5....26 C5
Bentley Moor La
AWLS/ASK DN6....17 H4
Bentley Rd *BTLY* DN5....33 G2
Benton Ter *MEX/SWTN* S64..48 E2
Beresford St *BTLY* DN5....26 B4
Bernard Rd *CONI* DN12....52 A2
Bernard St *RAW* S62....48 C4
Berrington Cl
DONS/BSCR DN4....42 A5
Berry Edge Cl *CONI* DN12....51 G2
Bessacarr La
DONS/BSCR DN4....44 A3
Bevan Av *NROS/TKH* DN11....55 G2
Bevan Crs *MALT* S66....56 D4
Beverley Gdns *BTLY* DN5....32 C2

Beverley Rd
NROS/TKH DN11....60 A6
WHHL DN2....34 B1
Bevin Pl *RAW* S62....48 C5
Bevre Rd *ARMTH* DN3....28 D6
Bewicke Av *BTLY* DN5....32 C1
Bhatia Cl *MEX/SWTN* S64....38 C4
Binbrook Ct *BWTY* DN10....61 F4
Birch Av *AWLS/ASK* DN6....16 E2
EPW DN9....45 J6
Birch Cl *BTLY* DN5....32 C6
Birch Ct *MEX/SWTN* S64....37 H6
Birchdale Cl *ARMTH* DN3....28 B4
Birchen Cl *DONS/BSCR* DN4..44 A4
Birch Green Cl *MALT* S66....56 B4
Birch Gv *CONI* DN12....51 G1
Birch Rd *DONS/BSCR* DN4....44 B1
Birch Tree Cl *ARMTH* DN3....20 B4
Birchwood Av *RAW* S62....48 A5
Birchwood Cl *MALT* S66....56 B4
THNE DN8....7 F6
Birchwood Dell
DONS/BSCR DN4....44 D4
Bircotes Wk
NROS/TKH DN11....55 J2
Birdwell Rd
MEX/SWTN S64....48 E3
Birkdale Cl
DONS/BSCR DN4....44 D3
Birkdale Ri *MEX/SWTN* S64...48 E1
Bisby Rd *RAW* S62....48 B5
Biscay La *DEARNE* S63....36 E2
Biscay Wy *DEARNE* S63....37 F3
Bishopgarth Cl *BTLY* DN5....33 G1
Bishopston Wk *MALT* S66....56 C4
Blackamoor Rd *RAW* S62....48 A2
Blacker Green La *BTLY* DN5..10 D5
Blacksmith's La *BTLY* DN5....31 F1
Black Syke La *GLE* DN14....6 A3
HTFD DN7....6 A4
Blackthorne Cl *CONI* DN12....51 K2
Blackwood Av
DONS/BSCR DN4....41 K3
Blake Av *DEARNE* S63....36 C2
WHHL DN2....34 A1
Blenheim Cl *HTFD* DN7....21 J5
Blenheim Crs
MEX/SWTN S64....38 B4
Blenheim Dr *EPW* DN9....46 B6
Blenheim Ri *BWTY* DN10....61 F4
Blenheim Rd *EPW* DN9....46 B6
Bloomhill Cl *THNE* DN8....7 G3
Bloomhill Ct *THNE* DN8....7 G3
Bloom Hill Gv *THNE* DN8....7 G4
Bloomhill Rd *THNE* DN8....6 E4
Blossom Av *AWLS/ASK* DN6..10 B2
Blow Hall Crs *CONI* DN12....52 B2
Blue Bell Ct *EPW* DN9....46 C3
Blundell Cl
DONS/BSCR DN4....44 A2
Blyth Av *RAW* S62....48 A6
Blyth Gate La
NROS/TKH DN11....58 C6
Blyth Rd *MALT* S66....56 D6
NROS/TKH DN11....59 J4
Boating Dyke Wy
THNE DN8....14 E2
Boat La *BTLY* DN5....41 F1
Bolton Hill Rd
DONS/BSCR DN4....44 A3
Bolton Rd *DEARNE* S63....37 K2
Bolton St *CONI* DN12....50 C1
Bond Cl *DON* DN1....2 C6
Bondfield Av
NROS/TKH DN11....55 H3
Bond St *NROS/TKH* DN11....55 H4
Bone La *AWLS/ASK* DN6....9 F1
Bonington Ri *MALT* S66....56 C4
Bootham Cl *HTFD* DN7....21 K3
Bootham Crs *HTFD* DN7....13 H6
Bootham La *HTFD* DN7....21 J1
Bootham Rd *HTFD* DN7....13 H6
Borrowdale Cl
AWLS/ASK DN6....17 G2
Boswell Cl *NROS/TKH* DN11..55 F3
Boswell Rd *DEARNE* S63....37 F5
DONS/BSCR DN4....43 J2
Bosworth Cl *HTFD* DN7....21 J6
Bosworth Rd
AWLS/ASK DN6....16 E5
Botany Bay La *ARMTH* DN3..20 E4
The Boulevard
ARMTH DN3....28 A3
Boulton Dr *ARMTH* DN3....35 J6
Boundary Av *WHHL* DN2....27 J6
Boundary Cl *CONI* DN12....41 G6
Bower Rd *MEX/SWTN* S64....37 K5
Bowers Fold *DON* DN1....2 E3
Bower V *CONI* DN12....51 K2
Bowes Rd *ARMTH* DN3....28 A4
Bowland Cl *BTLY* DN5....25 K5
Bowlease Gdns
DONS/BSCR DN4....44 A1
Bowman Dr *MALT* S66....56 C4
Bowness Dr
AWLS/ASK DN6....10 C1
Boyd Rd *DEARNE* S63....37 F6
Brabbs Av *HTFD* DN7....22 A3

Brackenbury Cl *BTLY* DN5 40 B3
Bracken Heen Cl
HTFD DN7 21 K3
Bracken Wy
NROS/TKH DN11 59 H6
Bradford Rw *DON* DN1 3 F3
Bradlea Ri *RAW* S62 48 B4
Braeburn Cl *MALT* S66 56 A3
Braemar Rd *WHHL* DN2 34 B4
Braithwaite La *HTFD* DN7 12 B4
Braithwell Rd *BTLY* DN5 26 A3
Bramar Rd *HTFD* DN7 21 J3
Bramble Wy *DEARNE* S63 36 B3
EPW DN9 45 J5
NROS/TKH DN11 59 J6
The Bramblings
DONS/BSCR DN4 44 C4
Brameld Rd
MEX/SWTN S64 37 H6
RAW S62 48 A6
Bramham Rd
DONS/BSCR DN4 35 G5
Brampton Cl *ARMTH* DN3 35 H3
Brampton La *ARMTH* DN3 35 H2
Brampton Rd *DEARNE* S63 36 B2
Brampton St
WMB/DAR S73 36 B1
Bramwith La *ARMTH* DN3 20 A3
Bramworth Rd
DONS/BSCR DN4 32 E6
Brand La *BTLY* DN5 31 J3
Branstone Rd *BTLY* DN5 32 A5
Brantingham Gdns
BWTY DN10 61 G1
Branton Ter *ARMTH* DN3 * 45 F1
Brantwood Crs
DONS/BSCR DN4 35 G6
Brayford Rd
DONS/BSCR DN4 42 B5
Brayton Dr
DONS/BSCR DN4 42 B5
Brayton Gdns
AWLS/ASK DN6 4 B6
Brecks La *ARMTH* DN3 28 C1
Breezemount Ct
HTFD DN7 13 H5
Bretby Cl *DONS/BSCR* DN4 44 B2
Bretton Cl *HTFD* DN7 21 J5
Brewsters Wk *BWTY* DN10 61 G2
Breydon Av *BTLY* DN5 32 D2
Breydon Ct *BTLY* DN5 * 32 E2
Briar Cl *EPW* DN9 45 J5
Briar Ct *NROS/TKH* DN11 59 J6
Briar Cft *DONS/BSCR* DN4 42 A1
Briar Gv *NROS/TKH* DN11 59 J6
Briar Rd *ARMTH* DN3 28 C6
AWLS/ASK DN6 16 E2
Briars La *HTFD* DN7 13 H4
Brick Kiln La
AWLS/ASK DN6 11 H1
Bride Church La
NROS/TKH DN11 58 E3
Bridge Gv *BTLY* DN5 32 E2
Bridge Hl *HTFD* DN7 13 F4
Bridgelake Dr
DONS/BSCR DN4 42 B5
Bridge Rd *DONS/BSCR* DN4 43 J1
Bridge St *DONS/BSCR* DN4 2 B5
MEX/SWTN S64 38 A6
THNE DN8 15 F2
Bridgewater Park Dr
AWLS/ASK DN6 16 D1
The Bridleway *RAW* S62 48 D4
Brierholme Carr Rd
HTFD DN7 22 D3
Brierholme Cl *HTFD* DN7 22 C2
Brierholme Ings Rd
HTFD DN7 22 D3
Brierley Rd
DONS/BSCR DN4 43 K2
Bristol Gv *WHHL* DN2 34 B1
Britain St *MEX/SWTN* S64 * 38 B5
Broachgate *BTLY* DN5 25 J5
Broadbent Gate Rd
THNE DN8 7 G6
Broad Ings La *ARMTH* DN3 19 K1
Broadlands Cl *HTFD* DN7 21 J4
Broad Oak La
NROS/TKH DN11 58 B2
Broad Riding *MALT* S66 57 J1
Broadwater Dr *HTFD* DN7 21 J4
Broadway *HTFD* DN7 21 H5
MEX/SWTN S64 48 C1
Broadway Cl
MEX/SWTN S64 48 C1
The Broadway
DONS/BSCR DN4 41 K4
Brockenhurst Rd
HTFD DN7 21 K4
Brockhole Cl
DONS/BSCR DN4 44 B2
Brockholes La
ARMTH DN3 45 F2
Broc-o-bank
AWLS/ASK DN6 4 B4
Brodsworth Wy
NROS/TKH DN11 55 J3
Brompton Rd *BTLY* DN5 32 B6
Bronte Av *DONS/BSCR* DN4 41 J3
Bronte Gv *MEX/SWTN* S64 38 D3
Bronte Pl *RAW* S62 48 C4
Brooke Dr *DEARNE* S63 36 D3
Brooke St *DON* DN1 33 J2
THNE DN8 14 E1
Brook Farm Ms
DEARNE S63 36 E2
Brookfield Av
MEX/SWTN S64 48 E1
Brookfield Cl *ARMTH* DN3 35 J2
THNE DN8 14 E1
Brookfield Ms *BTLY* DN5 26 E2
Brooklands *MALT* S66 56 A6
Brooklands Rd
AWLS/ASK DN6 17 G4
Brook Rd *CONI* DN12 51 G1
Brookside *CONI* DN12 51 F2
MEX/SWTN S64 48 C2
Brookside Crs *DEARNE* S63 36 B4
Brook Wy *BTLY* DN5 26 D4
Broom Cl *DEARNE* S63 37 G5
NROS/TKH DN11 59 F3
Broom Ct *HTFD* DN7 21 J4
Broome Av *MEX/SWTN* S64 37 K6
Broom Hill Dr
DONS/BSCR DN4 44 B2
Broomhouse La
CONI DN12 52 A2
NROS/TKH DN11 41 J6
Broomvale Wk *CONI* DN12 51 K2
Broomville St
MEX/SWTN S64 38 A6
Brosley Av *ARMTH* DN3 20 B4
Broughton Av *BTLY* DN5 26 A6
Broughton Rd
DONS/BSCR DN4 43 K3
Brow Hill Rd *MALT* S66 56 C4
Browning Av
DONS/BSCR DN4 42 B3
Browning Rd *ARMTH* DN3 20 B3
DEARNE S63 36 C2
MEX/SWTN S64 38 C3
Browns La *THNE* DN8 14 E2
Broxholme La *DON* DN1 3 F2
Bruce Crs *WHHL* DN2 34 C2
Bruncroft Cl
DONS/BSCR DN4 43 K3
Brunel Rd *BTLY* DN5 32 E2
Brunt Rd *RAW* S62 48 C5
Bryson Cl *THNE* DN8 7 G6
Bubup Hl *NROS/TKH* DN11 53 H1
Buckingham Ct
NROS/TKH DN11 60 A5
Buckingham Rd
CONI DN12 39 K6
WHHL DN2 3 K2
Buckingham Wy *MALT* S66 56 E4
Buckleigh Rd *DEARNE* S63 36 E5
Buckthorn Cl
MEX/SWTN S64 48 D3
Bude Rd *DONS/BSCR* DN4 42 B1
Bullcroft Cl *AWLS/ASK* DN6 17 G2
Bullivant Rd *HTFD* DN7 22 A3
Bull Moor Rd *HTFD* DN7 23 F4
Bungalow Rd *CONI* DN12 52 A1
The Bungalows
NROS/TKH DN11 * 60 C6
Burcroft Hl *CONI* DN12 40 B6
Burden Cl *DON* DN1 2 C6
Burford Av
DONS/BSCR DN4 41 J4
Burgar Rd *THNE* DN8 15 F4
Burghwallis La
AWLS/ASK DN6 9 G4
Burghwallis Rd
AWLS/ASK DN6 9 G2
Burkinshaw Av *RAW* S62 48 A3
Burman Rd *DEARNE* S63 37 F3
Burnaby St *DON* DN1 * 2 C5
Burnham Cl
DONS/BSCR DN4 43 H2
Burnham Gv *BTLY* DN5 25 K5
Burns Rd *ARMTH* DN3 20 B3
DONS/BSCR DN4 42 B3
MALT S66 56 E6
Burns St *BTLY* DN5 26 B4
Burns Vls *HTFD* DN7 * 13 H5
Burns Wy *DEARNE* S63 36 C2
DONS/BSCR DN4 42 A1
Burton Av
DONS/BSCR DN4 42 B1
Burtonlees Ct
DONS/BSCR DN4 44 A2
Burton Ter
DONS/BSCR DN4 42 B1
Bushfield Rd *DEARNE* S63 36 D4
Busley Gdns *BTLY* DN5 26 A5
Butterbusk *CONI* DN12 51 H1
Buttercross
AWLS/ASK DN6 16 E2
Buttercross Cl
AWLS/ASK DN6 16 E1
Butterfield Ct
WMB/DAR S73 * 36 A1
Buttermere Cl
AWLS/ASK DN6 17 F2
Butt Hole Rd *CONI* DN12 * 51 H1
Byron Av *AWLS/ASK* DN6 4 B6
BTLY DN5 32 E3
DONS/BSCR DN4 42 A3
Byron Crs *DEARNE* S63 36 C2
Byron Rd *MALT* S66 56 E6
MEX/SWTN S64 38 D4

C

Cadeby Av *CONI* DN12 50 D1
Cadeby La *BTLY* DN5 40 A1
Cadeby Rd *BTLY* DN5 40 E1
Caderby La *BTLY* DN5 40 C3
Cadman St *DEARNE* S63 37 G3
Calcot Park Av
MEX/SWTN S64 48 E1
Calder Ter *CONI* DN12 * 40 A6
Calladine Wy
MEX/SWTN S64 48 D2
Cambourne Cl
AWLS/ASK DN6 17 F5
Cambria Dr
DONS/BSCR DN4 41 J3
Cambrian Cl *BTLY* DN5 31 K6
Cambridge Rd
NROS/TKH DN11 59 K6
Cambridge St
MEX/SWTN S64 38 A4
NROS/TKH DN11 55 F1
Camden Gv *MALT* S66 56 D4
Camden Pl *DON* DN1 * 2 D6
Camellia Cl *CONI* DN12 51 G2
Camellia Dr *ARMTH* DN3 28 B2
Campion Dr
MEX/SWTN S64 48 E2
Campsall Balk
AWLS/ASK DN6 4 C5
Campsall Field Cl
DEARNE S63 36 E5
Campsall Field Rd
DEARNE S63 36 E4
Campsall Hall Rd
AWLS/ASK DN6 4 C6
Campsall Park Rd
AWLS/ASK DN6 4 B6
Campsall Rd *AWLS/ASK* DN6 9 K1
Campsall Vw
AWLS/ASK DN6 * 4 B4
Campsmount
AWLS/ASK DN6 9 G1
Canalside *THNE* DN8 15 F3
Canal Vw *THNE* DN8 15 F3
Canal Wharfe
MEX/SWTN S64 * 38 E5
Cannon Cl *RAW* S62 48 B5
Canon Cl *NROS/TKH* DN11 55 J2
Canterbury Cl *BTLY* DN5 32 D1
Canterbury Rd *HTFD* DN7 21 J3
WHHL DN2 34 A1
Cantley La
DONS/BSCR DN4 34 E6
Cantley Manor Av
DONS/BSCR DN4 44 C2
Cantley Riding *WHHL* DN2 35 F2
Capstan Wy *THNE* DN8 14 E2
Caraway Gv
MEX/SWTN S64 48 E3
Cardew Cl *RAW* S62 48 B6
Cardigan Rd *WHHL* DN2 34 D2
Cardinal Cl
NROS/TKH DN11 55 J2
Carisbrook Ct *BTLY* DN5 26 D3
Carisbrooke Rd *WHHL* DN2 34 B3
Carlisle Rd *WHHL* DN2 27 H6
Carlisle St *MEX/SWTN* S64 48 E2
Carlton Cl *ARMTH* DN3 45 G1
Carlton Dr *BWTY* DN10 61 F4
Carlton Rd *DON* DN1 33 K2
Carlyle Rd *MALT* S66 56 E5
Carlyle St *MEX/SWTN* S64 38 C4
Carnley St *DEARNE* S63 36 B3
Carnoustie Cl
MEX/SWTN S64 49 F1
Carolina Ct
DONS/BSCR DN4 43 G2
Carolina Wy
DONS/BSCR DN4 43 G2
Carr Bank *NROS/TKH* DN11 54 B4
Carr Gra *DONS/BSCR* DN4 33 J6
Carr Hl *DONS/BSCR* DN4 42 B1
Carr Hill Ct
DONS/BSCR DN4 42 B1
Carr House Rd *DON* DN1 2 D7
Carriage Dr
DONS/BSCR DN4 43 F1
The Carriage Wy
NROS/TKH DN11 55 J3
Carr Gra *DONS/BSCR* DN4 33 J6
Carr La *CONI* DN12 51 H3
DON DN1 2 E7
DONS/BSCR DN4 44 A4
MALT S66 56 B6
NROS/TKH DN11 53 H5
RHAM/THRY S65 49 H5
Carr Rd *CONI* DN12 51 K2
DEARNE S63 37 G3
Carr Side La *HTFD* DN7 22 A5
Carr View Av
DONS/BSCR DN4 42 B1
Cartmel Cl *MALT* S66 56 E4
Casson's Rd *THNE* DN8 14 E1
Castell Crs
DONS/BSCR DN4 35 F6
Castle Av *CONI* DN12 51 F1
NROS/TKH DN11 55 J3
Castle Cl *BTLY* DN5 32 D5
NROS/TKH DN11 58 E3
Castle Ct *NROS/TKH* DN11 58 E4
Castle Crs *CONI* DN12 40 A6
Castledine Ct
DONS/BSCR DN4 42 B5
Castle Ga *NROS/TKH* DN11 58 E4
Castle Gv *BTLY* DN5 32 A6
Castle Grove Ter
CONI DN12 * 40 A6
Castle Hl *CONI* DN12 51 F1
Castle Hill Av
MEX/SWTN S64 38 E5
Castle Hills Rd *BTLY* DN5 25 J4
Castle Ms *BTLY* DN5 25 K4
Castle St *CONI* DN12 51 F1
Castle Ter *CONI* DN12 51 F1
Castle Vw *CONI* DN12 52 A2
Castlewell *CONI* DN12 51 F1
Cathedral Ct *HTFD* DN7 29 F1
Catherine St *DON* DN1 2 E5
MEX/SWTN S64 38 B4
Catling La *ARMTH* DN3 20 B4
Catterick Cl *CONI* DN12 50 B1
Cavalier Ct
DONS/BSCR DN4 42 C4
Cavendish Cl *BWTY* DN10 61 F4
Cavendish Pl *MALT* S66 56 E4
Cavendish Rd *BTLY* DN5 26 A1
Cawdor St *BTLY* DN5 26 B4
Caxton Rd *AWLS/ASK* DN6 17 F6
Cecil Av *DONS/BSCR* DN4 41 G4
Cedar Av *HTFD* DN7 13 J5
MEX/SWTN S64 38 B3
Cedar Cl *DONS/BSCR* DN4 41 J4
EPW DN9 45 J5
Cedar Dr *MALT* S66 56 B5
Cedar Gv *CONI* DN12 50 D3
Cedar Rd *ARMTH* DN3 28 E6
DONS/BSCR DN4 41 J3
THNE DN8 7 G6
Cedar Wk *AWLS/ASK* DN6 9 G1
Cedric Av *CONI* DN12 50 D2
Cedric Rd *ARMTH* DN3 28 B3
Celandine Ri
MEX/SWTN S64 48 E3
Cemetery Rd
AWLS/ASK DN6 24 E1
DEARNE S63 36 E4
HTFD DN7 22 C4
MEX/SWTN S64 38 C4
Central Av *AWLS/ASK* DN6 24 E1
BTLY DN5 26 B5
MEX/SWTN S64 48 C1
Central Bvd *WHHL* DN2 34 C1
Central Dr *BWTY* DN10 61 G2
NROS/TKH DN11 55 F3
Centurion Wy *BTLY* DN5 33 G2
Century Cl *ARMTH* DN3 27 K3
Century Ct *CONI* DN12 41 G6
Century Gdns *BTLY* DN5 26 C4
Chadbourne Cl
ARMTH DN3 35 H2
Chadwick Dr *MALT* S66 56 D4
Chadwick Gdns *BTLY* DN5 26 E3
Chadwick Rd
AWLS/ASK DN6 24 E1
BTLY DN5 33 G2
THNE DN8 7 H3
Challenger Dr *BTLY* DN5 32 D4
Chalmers Dr *WHHL* DN2 27 K4
Chamberlain Av *BTLY* DN5 32 E1
Chambers Av *CONI* DN12 50 D1
Chancery Pl *DON* DN1 2 D4
Chantry Cl
DONS/BSCR DN4 44 C2
Chapel Av *WMB/DAR* S73 36 A1
Chapel Cl *EPW* DN9 46 C6
Chapel Hl *AWLS/ASK* DN6 10 A1
MEX/SWTN S64 37 J6
Chapel La *ARMTH* DN3 45 G1
CONI DN12 51 F2
EPW DN9 46 C5
THNE DN8 15 F2
Chapel St *AWLS/ASK* DN6 17 F3
BTLY DN5 26 B5
DEARNE S63 36 E4
MEX/SWTN S64 38 A4
RAW S62 48 A6
Chappell Dr *DON* DN1 2 D1
Charles Ct *THNE* DN8 7 G6
Charles Crs *ARMTH* DN3 28 B6
Charles Rd *DEARNE* S63 37 F4
Charles St *AWLS/ASK* DN6 17 F1
DON DN1 3 F1
MEX/SWTN S64 48 E1
RAW S62 48 C4
Charnell Av *MALT* S66 56 E5
Charnock Dr *BTLY* DN5 3
Charnwood Dr
DONS/BSCR DN4 4
Charnwood St
MEX/SWTN S64 3
Charter Dr *BTLY* DN5 2
Chatsworth Av
MEX/SWTN S64 3
Chatsworth Crs *BTLY* DN5 2
Chatsworth Dr
NROS/TKH DN11 5
Chaucer Rd
MEX/SWTN S64 3
Checkstone Av
DONS/BSCR DN4 4
Cheetham Dr *MALT* S66 5
Chelmsford Dr *WHHL* DN2 3
Cheltenham Ri *BTLY* DN5 3
Cheltenham Rd *WHHL* DN2 3
Chepstow Dr
MEX/SWTN S64 3
Chepstow Gdns *BTLY* DN5 3
Chequer Av
DONS/BSCR DN4
Chequer La *HTFD* DN7 1
Chequer Rd *DON* DN1
Cheriton Av *AWLS/ASK* DN6 1
Cherry Garth
AWLS/ASK DN6
BTLY DN5 2
Cherry Gv *CONI* DN12 5
NROS/TKH DN11 5
Cherry La *BTLY* DN5
Cherry Tree Dr *HTFD* DN7 2
THNE DN8
Cherry Tree Gv *HTFD* DN7 2
Cherry Tree Pl *DEARNE* S63 3
Cherry Tree Rd
ARMTH DN3 3
DONS/BSCR DN4
MALT S66 5
Cheshire Rd *DON* DN1* 3
Chester Rd *WHHL* DN2 2
Chesterton Rd
DONS/BSCR DN4 4
Chestnut Av *ARMTH* DN3 3
AWLS/ASK DN6 1
DEARNE S63 3
HTFD DN7 1
NROS/TKH DN11 5
THNE DN8 1
WHHL DN2 2
Chestnut Ct *BTLY* DN5 * 2
Chestnut Dr *BWTY* DN10 6
EPW DN9 4
Chestnut Gv *BTLY* DN5 4
CONI DN12 5
MALT S66 5
Cheviot Cl *THNE* DN8 1
Cheviot Dr *BTLY* DN5 2
Cheyne Wk *BWTY* DN10 6
Childers Dr *EPW* DN9 4
Childers St
DONS/BSCR DN4 3
Chiltern Crs *BTLY* DN5 3
Chiltern Rd *BTLY* DN5 2
Christchurch Rd
DEARNE S63 36
Christ Church Rd *DON* DN1 3
Christchurch Ter
DON DN1 * 3
Church Balk *ARMTH* DN3 28
THNE DN8 15
Church Balk Gdns
ARMTH DN3 28
Church Cl *MALT* S66 56
MEX/SWTN S64 37
THNE DN8 15
Church Cottage Ms
DONS/BSCR DN4 41
Church Ct *DONS/BSCR* DN4 44
Church Cft *ARMTH* DN3 28
Churchfield Cl *BTLY* DN5 26
Church Field Rd
AWLS/ASK DN6 4
Church Fields Rd
NROS/TKH DN11 55
Church Field Vw
DONS/BSCR DN4 41
Church Gn *DEARNE* S63 36
Churchill Av *BTLY* DN5 33
HTFD DN7 22
MALT S66 56
Churchill Rd *DON* DN1 33
Church La *ARMTH* DN3 20
AWLS/ASK DN6 17
BTLY DN5 24
DEARNE S63 * 36
DONS/BSCR DN4 41
DONS/BSCR DN4 44
EPW DN9 46
HTFD DN7 13
MALT S66 51
MALT S66 56
NROS/TKH DN11 53
NROS/TKH DN11 58
Church Meadow Rd
NROS/TKH DN11 55

ch Ms MEX/SWTN S64 38 D5
ch Rein Cl
NS/BSCR DN4 41 G3
ch Rd ARMTH DN3 28 B1
NI DN12 39 J5
NI DN12 41 F6
FD DN7 13 G5
OS/TKH DN11 53 G5
OS/TKH DN11 60 C6
ch St ARMTH DN3 35 H1
LY DN5 26 A5
TY DN10 61 G4
NI DN12 51 F1
ARNE S63 36 E3
N DN1 2 D2
FD DN7 13 K2
EX/SWTN S64 37 J6
NE DN8 15 F2
ch Vw AWLS/ASK DN6 9 G1
NI DN12 51 K2
N DN1 2 D2
OS/TKH DN11 53 G5
ch Wk CONI DN12 39 J5
OS/TKH DN11 59 J6
ch Wy DON DN1 2 D3
ircle NROS/TKH DN11 55 F2
ircuit AWLS/ASK DN6 16 D5
ll Gdns
NS/BSCR DN4 35 F6
nce Av
NS/BSCR DN4 42 B1
nce Pl MALT S66 56 E4
nce St DEARNE S63 36 D2
Av CONI DN12 52 A3
NS/BSCR DN4 3 H6
s Ct AWLS/ASK DN6 17 F5
Bank AWLS/ASK DN6 11 G4
Bank Rd THNE DN8 15 J5
ield Av
EX/SWTN S64 39 F4
ield Rd
EX/SWTN S64 39 F4
ields DONS/BSCR DN4 42 A4
ield Vw
EX/SWTN S64 39 F4
Flat La
OS/TKH DN11 55 G3
La WHHL DN2 27 K5
La West WHHL DN2 27 J3
Pit La RAW S62 48 B6
worth Dr
NS/BSCR DN4 43 H2
well Cft BTLY DN5 32 E2
edon Crs BTLY DN5 25 K4
eland Rd ARMTH DN3 35 K1
eland St DON DN1 2 C6
eland Wy HTFD DN7 21 K3
Crs DONS/BSCR DN4 41 G3
Bank MEX/SWTN S64 37 K6
field Rd
EX/SWTN S64 48 E1
Rd WMB/DAR S73 36 B1
Hl MALT S66 56 B5
Hill Rd AWLS/ASK DN6 4 A4
Hills Cl MALT S66 56 C5
ord Wk CONI DN12 39 G6
St MEX/SWTN S64 38 C5
Vw CONI DN12 39 H5
on Ct THNE DN8 14 E1
on Crs WHHL DN2 34 C1
on Dr BTLY DN5 32 C5
on Hl CONI DN12 51 G2
on Ri MALT S66 56 C4
Cloisters
NS/BSCR DN4 44 C2
Close ARMTH DN3 45 F1
WLS/ASK DN6 4 C4
gh La AWLS/ASK DN6 5 H4
elly Rd ARMTH DN3 28 B3
ber Rd
NS/BSCR DN4 3 K7
h House Dr BTLY DN5 32 C2
pit Rd CONI DN12 39 G6
Ct MEX/SWTN S64 48 E2
Dr MEX/SWTN S64 48 D2
den Av MEX/SWTN S64 38 D4
hill Cl BWTY DN10 61 G4
Hill La BWTY DN10 61 F4
hill La CONI DN12 51 K5
eck Cl ARMTH DN3 35 H1
hester Ct BTLY DN5 32 D1
stream Av
NS/BSCR DN4 41 H3
ridge Rd ARMTH DN3 20 B3
EARNE S63 36 C2
ALT S66 56 E6
ege Ct MEX/SWTN S64 38 D4
ege Rd DON DN1 2 D5
EX/SWTN S64 38 D4
nel Ward Dr
EX/SWTN S64 38 A6
Colonnades DON DN1 * 2 D4
mbus Wy MALT S66 56 B4
in Cl BTLY DN5 26 E4
mon La ARMTH DN3 20 E4
WLS/ASK DN6 4 C4
TLY DN5 27 G1
ONI DN12 51 G4

DEARNE S63 37 H3
DONS/BSCR DN4 41 H4
EPW DN9 45 J2
NROS/TKH DN11 55 J5
NROS/TKH DN11 58 E2
Common Rd CONI DN12 51 H3
Conan Rd CONI DN12 50 E1
Concorde Ms DON DN1 * 3 F2
Coney Rd BTLY DN5 26 A1
Coningsburgh Rd
ARMTH DN3 28 B3
Coniston Dr
DONS/BSCR DN4 42 A5
Coniston Pl BTLY DN5 25 K5
Coniston Rd ARMTH DN3 28 B1
AWLS/ASK DN6 10 C1
MEX/SWTN S64 38 E3
WHHL DN2 34 D3
Connaught Dr ARMTH DN3 28 B1
Conrad Dr MALT S66 56 C4
Constable Pl DEARNE S63 36 E3
Convent Gv
DONS/BSCR DN4 43 K1
Conway Ct
DONS/BSCR DN4 43 K4
Conway Dr ARMTH DN3 45 F1
Conway Ter
MEX/SWTN S64 38 C3
Conyers Rd BTLY DN5 33 G2
Cook Av MALT S66 56 C4
Cooke St BTLY DN5 26 A5
Cookridge Dr HTFD DN7 21 K4
Cookson St
DONS/BSCR DN4 42 B1
Cooks Yd THNE DN8 * 15 F2
Co-operative St
DEARNE S63 36 D2
Coopers Ter DON DN1 3 F3
Cooper St DONS/BSCR DN4 3 G7
Copley Av CONI DN12 50 D1
Copley Crs BTLY DN5 32 B1
Copley Gdns BTLY DN5 41 F1
Copley Rd DON DN1 2 E2
Coppice Av HTFD DN7 21 J5
Coppice Gv HTFD DN7 21 K4
Coppice La HTFD DN7 21 K5
Coppice Rd AWLS/ASK DN6 25 F3
Coppicewood Ct
DONS/BSCR DN4 42 C5
Cornflower Dr
DONS/BSCR DN4 43 H1
Corn Hl CONI DN12 51 G2
Cornwall Rd WHHL DN2 34 C2
Corona Dr THNE DN8 7 F6
Coronation Gdns
DONS/BSCR DN4 41 G3
Coronation Rd
DEARNE S63 37 G3
DONS/BSCR DN4 42 B2
HTFD DN7 13 H5
MEX/SWTN S64 38 A6
RAW S62 48 D5
Coronation Ter
CONI DN12 * 51 F1
Cosgrove Ct ARMTH DN3 28 C3
Coterel Crs
DONS/BSCR DN4 35 G6
Cotswold Dr BTLY DN5 31 K6
Cotswold Gdns BTLY DN5 25 K6
Cotswold Rd THNE DN8 14 E3
Coulman Rd THNE DN8 15 H1
Coulman St THNE DN8 7 G6
Court Cl BTLY DN5 32 C1
The Courtyard CONI DN12 38 E6
Coventry Gv WHHL DN2 27 H6
Coventry Rd THNE DN8 15 G2
Coverleigh Rd DEARNE S63 37 G3
Cow House La ARMTH DN3 35 K1
Cowick Rd THNE DN8 6 C4
Cowley Pl ARMTH DN3 28 B1
Cowood St
MEX/SWTN S64 * 38 B4
Cowper Rd
MEX/SWTN S64 38 E4
Coxley Ct NROS/TKH DN11 55 J3
Crabgate Dr
AWLS/ASK DN6 16 C1
Crabgate La
AWLS/ASK DN6 16 C1
Crabtree Rd HTFD DN7 21 H2
Crags Rd CONI DN12 39 K5
Craigholme Crs WHHL DN2 27 J6
Craithie Rd WHHL DN2 3 K1
Cranbrook Rd DON DN1 33 K2
Cranfield Cl ARMTH DN3 35 J2
Cranfield Dr
AWLS/ASK DN6 16 D1
Cranleigh Gdns
AWLS/ASK DN6 16 E6
Cranwell Rd
DONS/BSCR DN4 44 D3
Craven Cl DONS/BSCR DN4 44 A1
Craven Rd HTFD DN7 21 H3
Crawshaw Rd
DONS/BSCR DN4 33 F5
Crecy Av WHHL DN2 34 D3
Creighton Av RAW S62 48 C6
The Crescent ARMTH DN3 28 B3

AWLS/ASK DN6 24 D1
CONI DN12 41 F6
CONI DN12 50 D1
EPW DN9 46 C4
HTFD DN7 21 H2
MEX/SWTN S64 48 C1
NROS/TKH DN11 60 C6
Cresswell Rd
MEX/SWTN S64 37 K5
Cresswell St
MEX/SWTN S64 38 B5
Crewe Rd NROS/TKH DN11 60 B6
Cridling Gdns
AWLS/ASK DN6 4 D4
Crimpsall Rd
DONS/BSCR DN4 2 B5
Cripps Av NROS/TKH DN11 55 H2
Cripps Cl MALT S66 57 F6
Croasdale Gdns
AWLS/ASK DN6 17 G2
Crochley Cl
DONS/BSCR DN4 35 G6
Croft Ct ARMTH DN3 28 B2
EPW DN9 46 C6
HTFD DN7 29 H1
Croft Dr NROS/TKH DN11 58 E2
Crofters Ct
DONS/BSCR DN4 42 C4
Croft Rd DONS/BSCR DN4 41 J4
Crofts La HTFD DN7 12 E5
The Croft BTLY DN5 26 D3
CONI DN12 51 F2
MEX/SWTN S64 48 C1
THNE DN8 15 G4
Cromer Cl RAW S62 * 48 A5
Cromer Rd WHHL DN2 34 D3
Cromford Cl
DONS/BSCR DN4 44 C3
Crompton Av BTLY DN5 32 E3
Crompton Rd WHHL DN2 27 H5
Cromwell Ct
AWLS/ASK DN6 * 16 D2
Cromwell Dr BTLY DN5 32 D5
Cromwell Gv
AWLS/ASK DN6 16 E1
Cromwell Rd BTLY DN5 33 G2
MEX/SWTN S64 38 C5
Cromwell Vls
MEX/SWTN S64 * 38 C5
Crooked La
RHAM/THRY S65 50 A3
Crooked Lane Head
NROS/TKH DN11 58 C5
Crookes Broom Av
HTFD DN7 21 K4
Crookes Broom La
HTFD DN7 21 J4
Crookes Rd
DONS/BSCR DN4 42 B3
Crookhill Rd CONI DN12 51 G1
Crook Tree La HTFD DN7 22 C1
Cross Bank
DONS/BSCR DN4 42 B1
Crosscourt Vw
DONS/BSCR DN4 43 J1
Crossfield Dr
AWLS/ASK DN6 16 E1
DEARNE S63 36 E4
Cross Field House Cl
AWLS/ASK DN6 16 E1
Crossfield La
AWLS/ASK DN6 16 E1
Cross Ga BTLY DN5 33 F1
MEX/SWTN S64 38 E5
Crossgates
NROS/TKH DN11 53 H5
Cross Hl AWLS/ASK DN6 16 D2
Cross Hill Ct
AWLS/ASK DN6 16 D1
Crossland St
MEX/SWTN S64 48 E1
Crossley Cl MALT S66 56 C4
Cross Riding WHHL DN2 35 F3
Cross St BTLY DN5 26 B4
CONI DN12 52 A1
DEARNE S63 36 E3
DONS/BSCR DN4 42 A2
MALT S66 56 E5
NROS/TKH DN11 55 G3
Crossway MEX/SWTN S64 48 C1
Crossways HTFD DN7 13 H5
WHHL DN2 27 H6
Crossways North
WHHL DN2 27 H6
Crossways South
WHHL DN2 34 C1
Crowley Dr DEARNE S63 36 E5
Crown Rd NROS/TKH DN11 58 D3
Crown St MEX/SWTN S64 37 K6
Crow Tree La
MEX/SWTN S64 38 B2
Crusader Dr BTLY DN5 32 D4
Cuckoo La HTFD DN7 22 A3
Cumberland Av WHHL DN2 34 C3
Cumberland Cl
NROS/TKH DN11 60 D6
Cunningham Rd DON DN1 3 F6
Curlew Ct NROS/TKH DN11 55 H2

Curzen Crs ARMTH DN3 28 C1
Cusworth Gv
NROS/TKH DN11 55 J3
Cusworth La BTLY DN5 32 D2
Cutts Av DEARNE S63 36 D4
Cypress Av EPW DN9 45 H5
Cypress Gv CONI DN12 50 C3

D

Dadsley Ct
NROS/TKH DN11 58 D2
Dadsley Rd
NROS/TKH DN11 58 D1
Dale Ct RAW S62 48 A6
Dalecroft Rd
AWLS/ASK DN6 17 F3
Dale Hill Cl MALT S66 56 D4
Dale Hill Rd MALT S66 56 C3
Dale Pit Rd HTFD DN7 22 C6
Dale Rd CONI DN12 51 F1
RAW S62 48 A5
Dale St RAW S62 48 A5
Dalton Gv BWTY DN10 61 G2
Dalton Wk AWLS/ASK DN6 9 F5
Dam Rd NROS/TKH DN11 58 E4
Danesthorpe Cl WHHL DN2 34 D1
Danesway BTLY DN5 25 K4
Danethorpe Wy
CONI DN12 50 D3
Danum Cl THNE DN8 15 G2
Danum Rd DONS/BSCR DN4 3 J6
HTFD DN7 21 K5
Darfield Cl
NROS/TKH DN11 55 J2
Darfield Ct
NROS/TKH DN11 58 E3
Dargle Av WHHL DN2 34 B2
Darlington Gv THNE DN8 7 G4
Darrington Dr
DONS/BSCR DN4 41 H4
Dart Gv EPW DN9 45 J2
Dartmouth Rd
DONS/BSCR DN4 44 D3
Darwynn Av
MEX/SWTN S64 37 G6
Davies Dr MEX/SWTN S64 48 E2
Davis Rd AWLS/ASK DN6 9 J2
Davy Dr MALT S66 56 D4
Davy Rd CONI DN12 39 G6
Daw La BTLY DN5 26 B3
NROS/TKH DN11 53 J3
Dawson La DEARNE S63 36 E5
Daw Wd BTLY DN5 26 B2
Daylands Av CONI DN12 50 D2
Deacon Cl NROS/TKH DN11 55 J2
Deacon Crs MALT S66 56 E6
NROS/TKH DN11 55 F2
Dean Cl BTLY DN5 32 C5
NROS/TKH DN11 55 J2
Deansfield Cl ARMTH DN3 35 J2
Dearne Br BTLY DN5 39 H2
Dearne Rd DEARNE S63 37 H1
WMB/DAR S73 36 A1
Dearne St CONI DN12 40 B6
Dearneway DEARNE S63 37 F3
Dearne Wy BTLY DN5 39 G2
Decoy Bank North
DONS/BSCR DN4 33 J6
Decoy Bank South
DONS/BSCR DN4 42 E1
Dell Crs DONS/BSCR DN4 32 E6
Delta Wy MALT S66 57 F4
Denaby Av CONI DN12 50 D1
Denaby La CONI DN12 49 J2
Denby St BTLY DN5 26 A3
Denehall Rd ARMTH DN3 28 C2
Denison Rd
DONS/BSCR DN4 2 A5
Denman Rd DEARNE S63 36 D3
Dentons Green La
ARMTH DN3 28 B1
Denver Rd AWLS/ASK DN6 4 D4
Derby Rd WHHL DN2 27 J5
Derbyshire Ct ARMTH DN3 29 F6
Derwent Dr ARMTH DN3 28 B2
MEX/SWTN S64 38 E3
Derwent Pl BTLY DN5 * 32 A6
Derwent Rd
MEX/SWTN S64 38 E3
Derwent Ter
MEX/SWTN S64 38 C3
Derwent Wy
WMB/DAR S73 36 B1
Devonshire Rd MALT S66 56 E4
NROS/TKH DN11 59 K6
WHHL DN2 34 C2
Dickens Rd RAW S62 48 C4
Dinmore Cl
DONS/BSCR DN4 42 A5
Dirleton Dr
DONS/BSCR DN4 41 H3
Dirty La HTFD DN7 13 J2
Discovery Wy MALT S66 56 B4
Disraeli Gv MALT S66 56 C4

Dixon Crs DONS/BSCR DN4 41 K2
Dixon Rd CONI DN12 51 K2
Dockin Hill Rd DON DN1 3 F2
Dodsworth St
MEX/SWTN S64 38 B5
Dolcliffe Rd
MEX/SWTN S64 38 C5
Doncaster La
AWLS/ASK DN6 8 A5
AWLS/ASK DN6 25 G2
Doncaster Rd ARMTH DN3 35 F1
AWLS/ASK DN6 9 K5
BTLY DN5 17 K5
BTLY DN5 24 B1
BTLY DN5 30 A4
BWTY DN10 61 G2
CONI DN12 39 H5
DEARNE S63 37 G3
EPW DN9 46 C6
HTFD DN7 13 F6
HTFD DN7 21 J6
MEX/SWTN S64 38 D5
Donnington Rd
MEX/SWTN S64 39 F3
Don Pottery Yd
MEX/SWTN S64 38 B6
Don St CONI DN12 40 B6
DON DN1 33 J2
Dorchester Rd
NROS/TKH DN11 60 B5
Dorothy Av THNE DN8 14 D1
Dorset Crs WHHL DN2 34 D2
Dorset Dr NROS/TKH DN11 59 K6
Double Bridges Rd
THNE DN8 15 H6
Douglas Rd
DONS/BSCR DN4 41 J2
Dower House Sq
BWTY DN10 61 G4
Downland Cl
DONS/BSCR DN4 41 K5
Drake Head La CONI DN12 51 H1
Drake Rd WHHL DN2 33 K1
Dr Anderson Av HTFD DN7 13 H5
The Drive ARMTH DN3 28 C3
Droversdale Rd
NROS/TKH DN11 60 C6
Drummond Av BTLY DN5 25 G6
Dryden Rd DEARNE S63 36 C2
DONS/BSCR DN4 42 C3
MEX/SWTN S64 38 D4
Dryhurst Cl AWLS/ASK DN6 4 D4
Dublin Rd WHHL DN2 34 B3
Dudley Rd WHHL DN2 34 C4
Duftons Cl CONI DN12 40 B6
Duke Av MALT S66 57 F6
NROS/TKH DN11 55 F2
Dukes Ter BWTY DN10 61 G3
Duke St DON DN1 2 D4
HTFD DN7 13 G6
MEX/SWTN S64 37 K5
Duke's Crs CONI DN12 41 F6
Dundas Rd WHHL DN2 33 K2
Dunelm Crs THNE DN8 7 H4
Dunford Ct DEARNE S63 37 G3
Dunleary Rd WHHL DN2 34 B3
Dunniwood Av
DONS/BSCR DN4 44 B4
Dunniwood Reach
DONS/BSCR DN4 44 B4
Dunns Dl MALT S66 57 F5
Dunscroft Gv
NROS/TKH DN11 55 J2
Dunstan Dr THNE DN8 14 E2
Dunstan Rd MALT S66 56 C6
Dunstan Wk THNE DN8 14 E2
Dun St MEX/SWTN S64 49 F1
Durham Av THNE DN8 14 E1
Durham La ARMTH DN3 29 F6
Durham Rd HTFD DN7 21 J3
WHHL DN2 27 F6
Durham St MALT S66 56 E6
Durnford Rd WHHL DN2 33 K2
Dursley Ct EPW DN9 45 H2

E

Earl Av MALT S66 56 E6
NROS/TKH DN11 54 E2
Earlesmere Av
DONS/BSCR DN4 42 A1
Earlston Dr BTLY DN5 33 G1
East Av HTFD DN7 21 H1
MEX/SWTN S64 48 C1
RAW S62 48 A5
East Bank HTFD DN7 13 G4
East End HTFD DN7 * 13 H5
East End Vls
AWLS/ASK DN6 * 4 C4
Eastfield Dr AWLS/ASK DN6 10 B1
Eastfield La EPW DN9 45 J3
Eastfield Pl RAW S62 48 D4
Eastfield Rd ARMTH DN3 35 J2
East Field Rd HTFD DN7 13 H1
East Ga THNE DN8 7 G3

East Laith Ga DON DN1 3 F3
East La HTFD DN7 13 G5
East Service Rd
ARMTH DN3 19 K3
East St DON DN1 33 H6
NROS/TKH DN11 60 A5
East Vw AWLS/ASK DN6 4 C6
BWTY DN10 61 G2
Eaton Sq BTLY DN5 30 A4
Eccles Dr CONI DN12 52 A3
Eccleston Rd ARMTH DN3 20 C6
Ecton Dr ARMTH DN3 20 A6
Edencroft Dr ARMTH DN3 28 B2
Eden Dr AWLS/ASK DN6 10 C1
Eden Field Rd ARMTH DN3 28 C2
Eden Gv DONS/BSCR DN4 33 F5
Eden Grove Rd
ARMTH DN3 28 C3
Eden Ter MEX/SWTN S64 38 C3
Edgar La NROS/TKH DN11 54 E2
Edgbaston Wy CONI DN12 41 G6
Edge Gn ARMTH DN3 28 B1
Edgehill Rd WHHL DN2 27 J6
Edith Ter BTLY DN5 25 H6
Edlington La CONI DN12 51 K3
Edward Ct THNE DN8 7 G6
Edward Rd AWLS/ASK DN6 17 F2
DEARNE S63 36 C1
Edward St ARMTH DN3 28 B6
BTLY DN5 26 B4
MEX/SWTN S64 37 K5
NROS/TKH DN11 54 E2
Edwin Rd AWLS/ASK DN6 24 E1
Eggington Cl
DONS/BSCR DN4 44 D2
Egg La NROS/TKH DN11 54 A4
Eglins Rd THNE DN8 7 H6
Egremont Ri MALT S66 56 B3
Eland Cl NROS/TKH DN11 55 G1
Eland Gate Cl
NROS/TKH DN11 55 G1
Eland Rd CONI DN12 39 F6
Elder Gv CONI DN12 50 D2
EPW DN9 45 J4
Eldon Gv THNE DN8 7 J4
Eleanor Ct ARMTH DN3 28 A4
Elgar Dr MALT S66 57 G6
Elizabeth Av ARMTH DN3 28 C1
Ellerker Av
DONS/BSCR DN4 2 B6
Ellers Av DONS/BSCR DN4 43 J1
Ellers Crs DONS/BSCR DN4 43 J1
Ellers Dr DONS/BSCR DN4 43 J1
Ellershaw La CONI DN12 50 D2
Ellershaw Rd CONI DN12 50 E2
Ellers La EPW DN9 45 J2
Ellers Rd DONS/BSCR DN4 43 J1
Ellerton Gdns
DONS/BSCR DN4 35 F6
Ellesmere Gv HTFD DN7 13 K5
Elliott Cl DEARNE S63 36 C2
Ellis Av DEARNE S63 36 D5
Ellis Crs NROS/TKH DN11 55 F2
WMB/DAR S73 36 A2
Ellison St THNE DN8 15 F3
Elm Cl ARMTH DN3 20 B4
NROS/TKH DN11 55 J3
Elm Crs BTLY DN5 26 C3
Elmdale Cl MEX/SWTN S64 48 E3
Elmdale Dr ARMTH DN3 28 B4
Elm Dr EPW DN9 46 D6
Elmfield Pk DON DN1 * 3 G5
Elmfield Rd DON DN1 3 F6
NROS/TKH DN11 55 G3
Elm Green La CONI DN12 51 F1
Elmham Rd
DONS/BSCR DN4 35 F6
Elmhirst Rd THNE DN8 15 G2
Elm Pl ARMTH DN3 28 C6
RAW S62 48 B6
Elm Rd ARMTH DN3 28 C6
AWLS/ASK DN6 16 E1
EPW DN9 45 H6
MEX/SWTN S64 38 B3
Elm Tree Dr BWTY DN10 61 F3
Elm Tree Gv THNE DN8 15 F3
Elm Tree Rd MALT S66 56 B5
Elmville Av
MEX/SWTN S64 48 D2
Elm Wy DEARNE S63 37 G5
Elmwood Av
AWLS/ASK DN6 16 D5
Elmwood Crs ARMTH DN3 35 H1
Elsecar Rd RAW S62 36 A4
Elsworth Cl DON DN1 2 C7
Elwin Ct DONS/BSCR DN4 42 B5
Elwis St BTLY DN5 2 B2
Ely Rd WHHL DN2 27 F6
Ely St NROS/TKH DN11 55 F2
Emerson Av HTFD DN7 13 H6
Emley Dr BTLY DN5 25 G6
Empire Dr MALT S66 56 B3
Endcliffe Wy WHHL DN2 27 J6
Ennerdale Cl
MEX/SWTN S64 38 E3
Ennerdale Rd WHHL DN2 34 D1
Ennis Crs WHHL DN2 34 B2
Epsom Cl MEX/SWTN S64 38 D3
Epsom Rd DONS/BSCR DN4 34 E5
Epworth Ct BTLY DN5 * 26 B5
Epworth Rd HTFD DN7 22 C4
Eshton Ri BWTY DN10 61 G2
Eskdale Dr BTLY DN5 25 K5
Essex Av WHHL DN2 34 C4
Essex Dr NROS/TKH DN11 60 D6
Essex Rd NROS/TKH DN11 60 C6
Estfeld Cl NROS/TKH DN11 58 E2
Evanston Gdns
DONS/BSCR DN4 42 A1
Evelyn Av WHHL DN2 34 C3
Evelyn St RAW S62 48 C5
Everetts Cl
NROS/TKH DN11 58 D3
Everingham Rd
DONS/BSCR DN4 35 F6
Everson Cl MALT S66 56 C3
Ewood Dr
DONS/BSCR DN4 44 A1
Exchange St DON DN1 2 E7
Exeter Rd WHHL DN2 34 B1

F

Factory La DON DN1 2 C3
Fairfax Rd WHHL DN2 34 C3
Fairfield Cl
DONS/BSCR DN4 43 K3
Fairfield Ct ARMTH DN3 35 J2
Fairfield Rd BTLY DN5 32 E1
Fairford Cl
DONS/BSCR DN4 44 C3
Fairtree Wk THNE DN8 15 F2
Fair View Av
AWLS/ASK DN6 16 D6
Fairview Ct ARMTH DN3 20 B5
Fairview Ter ARMTH DN3 * 20 B5
The Fairway THNE DN8 7 H3
Falcon Cl AWLS/ASK DN6 17 F5
Falcon Ct NROS/TKH DN11 55 H2
Far Bank La HTFD DN7 13 H2
Farcliff BTLY DN5 32 A6
Far Common Rd
HTFD DN7 23 F4
Far Field Cl ARMTH DN3 28 C2
Far Field La DEARNE S63 37 H3
Farfield Pk DEARNE S63 37 H2
Far Field Rd ARMTH DN3 28 C2
Far Golden Smithies
MEX/SWTN S64 37 J5
Farlawns Ct
DONS/BSCR DN4 42 B5
Farm Cl ARMTH DN3 28 C4
Farm Ct AWLS/ASK DN6 17 G5
Farmhill Cl BTLY DN5 32 D2
Farnborough Dr
DONS/BSCR DN4 44 C3
Farndale Rd BTLY DN5 25 H6
Farnley Rd
DONS/BSCR DN4 42 C4
Farquhar Rd MALT S66 57 F5
Farriers Wy
DONS/BSCR DN4 42 C4
Farringdon Dr
NROS/TKH DN11 55 G4
Farthing Gale Ms
BTLY DN5 32 E2
Fenland Rd THNE DN8 15 G3
Fenton Cl ARMTH DN3 35 J2
Fenwick La
AWLS/ASK DN6 5 J5
Fern Av BTLY DN5 26 A6
Fern Bank AWLS/ASK DN6 17 F5
Fernbank Cl EPW DN9 46 D3
Fernbank Dr ARMTH DN3 28 D5
Fern Cl WHHL DN2 34 C1
Ferndale Dr THNE DN8 7 G5
Ferndale Rd CONI DN12 50 E1
Ferndale Vw BTLY DN5 32 D2
Fernhall Cl ARMTH DN3 28 C2
Fernhurst Rd WHHL DN2 34 D1
Fernlea Cl BTLY DN5 32 E2
Fernvale Wk
MEX/SWTN S64 48 E3
Ferrers Rd WHHL DN2 34 A2
Ferry Boat La CONI DN12 38 E6
Ferry La CONI DN12 40 A6
Ferry Rd THNE DN8 6 C5
Ferry Ter CONI DN12 * 40 A6
Ferry Vls CONI DN12 * 40 A6
Festival Av
NROS/TKH DN11 60 A6
Festival Rd DEARNE S63 37 F4
Fewton Wy
DONS/BSCR DN4 43 H1
Fiddlers Dr ARMTH DN3 35 K3
Fielders Wy CONI DN12 41 G6
Field Ga NROS/TKH DN11 55 H1
Field House Rd BTLY DN5 41 F1
Fielding Gv RAW S62 48 A4
Field Rd HTFD DN7 13 G5
THNE DN8 15 F2
Fieldside ARMTH DN3 28 B4
Field Side THNE DN8 14 E1
Field Station Rd
AWLS/ASK DN6 19 F3
Fifth Av AWLS/ASK DN6 25 F2
EPW DN9 45 K6
Filby Rd BTLY DN5 32 D2
Finch Rd DONS/BSCR DN4 41 K3
Finghall Rd AWLS/ASK DN6 16 D1
Finkle Ct THNE DN8 * 15 F2
Finkle St BTLY DN5 26 B5
HTFD DN7 13 G4
Firbeck Rd DONS/BSCR DN4 3 J6
Firbeck Wy
NROS/TKH DN11 55 J1
Fir Cl DEARNE S63 37 F4
Firsby La CONI DN12 50 B4
First Av AWLS/ASK DN6 25 G1
EPW DN9 45 K5
Firth Crs MALT S66 56 E6
NROS/TKH DN11 55 F2
Firth Field Rd HTFD DN7 22 B3
Firth Rd DEARNE S63 36 B3
Firth St DONS/BSCR DN4 2 B7
Fir Tree Av EPW DN9 45 J5
Fir Tree Dr AWLS/ASK DN6 4 B4
Fisher Rd MALT S66 57 F5
Fisher St BTLY DN5 26 B3
Fisher Ter BTLY DN5 33 F2
Fishlake Nab HTFD DN7 13 G3
Fish Pond La MALT S66 56 E2
Fitzwilliam Av CONI DN12 50 C1
Fitzwilliam St DEARNE S63 36 E4
MEX/SWTN S64 48 D1
Five Oaks BTLY DN5 26 E2
Flatts La DEARNE S63 36 D3
Fleet Cl DEARNE S63 36 A2
Fleet La HTFD DN7 13 G4
Fleets Cl HTFD DN7 13 G4
Fleming Sq DEARNE S63 36 E3
Flint Rd WHHL DN2 34 D2
Flintway DEARNE S63 37 F6
Florence Av
DONS/BSCR DN4 42 A1
Flowitt St
DONS/BSCR DN4 2 A5
MEX/SWTN S64 38 B4
Folder La BTLY DN5 31 K6
Foljambe Crs
NROS/TKH DN11 54 E2
Fontwell Dr
MEX/SWTN S64 38 D3
Fordoles Head La
MALT S66 56 A2
Fordstead La ARMTH DN3 19 K4
Fore Hill Av
DONS/BSCR DN4 43 K3
Forest Gra
DONS/BSCR DN4 35 F6
Forest Ri DONS/BSCR DN4 41 J4
Forrester's Cl
AWLS/ASK DN6 4 B4
Forster Rd
DONS/BSCR DN4 42 B3
Fossard Cl WHHL DN2 34 B1
Fossard Wy BTLY DN5 25 K4
Foster Rd THNE DN8 14 E1
Foster's Cl MEX/SWTN S64 37 J6
Fothergill Dr ARMTH DN3 28 C2
Foundry La THNE DN8 14 E2
Fountain Ct
NROS/TKH DN11 55 J3
Fountains Cl ARMTH DN3 28 A1
Fourth Av AWLS/ASK DN6 25 F2
EPW DN9 45 K6
Fowler Bridge Rd
BTLY DN5 26 C5
Fowler Crs
NROS/TKH DN11 55 F2
Fox Ct MEX/SWTN S64 48 E2
Foxcroft Mdw MALT S66 56 E6
Foxglove Cl EPW DN9 46 D3
Fox Gv DONS/BSCR DN4 41 G3
Foxhill Rd THNE DN8 15 G3
Fox Hole La
NROS/TKH DN11 58 B1
Foxland Av
MEX/SWTN S64 48 B1
Frances St DON DN1 2 E3
Franklin Crs WHHL DN2 3 K4
Frank Rd BTLY DN5 33 G1
Frederick St
DEARNE S63 * 36 D2
MEX/SWTN S64 38 A4
French Ga DON DN1 2 D3
French St AWLS/ASK DN6 16 E2
BTLY DN5 26 B3
Fretwell Cl MALT S66 56 C4
Friars Ga DON DN1 2 D1
Frithbeck Cl ARMTH DN3 35 J1
Frobisher Gv MALT S66 56 C4
Front Rw
NROS/TKH DN11 * 55 J2
Fullerton Av CONI DN12 50 C1
Fullerton Cl
AWLS/ASK DN6 16 D1
Fulwood Dr
DONS/BSCR DN4 42 B5
Furnivall Rd
DONS/BSCR DN4 42 A1

G

Gainford Rd THNE DN8 7 H3
Gainford Sq THNE DN8 7 H4
Gainsborough Rd
BWTY DN10 61 G4
Gaitskell Cl MALT S66 57 F6
Gala Crs MALT S66 56 B4
Galsworthy Cl
DONS/BSCR DN4 41 K4
Galway Av
NROS/TKH DN11 60 D5
Galway Cl RAW S62 48 B5
Galway Dr NROS/TKH DN11 60 D5
Galway Rd
NROS/TKH DN11 60 D5
Garden Dr WMB/DAR S73 36 A1
Gardenia Rd ARMTH DN3 28 A2
Garden La BTLY DN5 40 B2
Garden Rd THNE DN8 7 H3
Gardens La CONI DN12 50 E1
The Gardens
DONS/BSCR DN4 43 K2
Garden St DEARNE S63 36 D2
MEX/SWTN S64 38 B4
Gate House La EPW DN9 45 K4
Gatesbridge Pk EPW DN9 46 D5
Gattison La
NROS/TKH DN11 55 G3
Gawtress Rw DEARNE S63 36 E3
Gayton Cl DONS/BSCR DN4 42 A4
Geneva Sq THNE DN8 7 H4
Genoa St MEX/SWTN S64 38 D4
George Pl RAW S62 48 A6
George St ARMTH DN3 28 B6
AWLS/ASK DN6 17 F1
BTLY DN5 26 A3
Gibbet Hill La BWTY DN10 61 F6
Gifford Dr DONS/BSCR DN4 41 H3
Gilberthorpe Rd
DONS/BSCR DN4 41 K2
Gilbert Rd NROS/TKH DN11 60 B6
Giles Av DEARNE S63 36 C3
Gileswood Crs DEARNE S63 36 A3
Gill St DON DN1 3 F6
Gipsy Green La
DEARNE S63 37 F5
Glade Vw ARMTH DN3 28 B1
Gladstone Rd
DONS/BSCR DN4 33 F6
MALT S66 56 C4
Glamis Rd WHHL DN2 34 B4
Glasshouse Rd
MEX/SWTN S64 49 F4
Glastonbury Ga BTLY DN5 32 C2
Glebe Cl MEX/SWTN S64 48 D2
Glebe Farm Cl ARMTH DN3 35 H1
Glebe Rd AWLS/ASK DN6 4 C6
MEX/SWTN S64 48 D2
THNE DN8 15 G2
Glebe St DONS/BSCR DN4 41 H3
Glencoe Cl HTFD DN7 21 J3
Glendale Rd BTLY DN5 32 A6
Gleneagles Dr
DONS/BSCR DN4 44 D3
Gleneagles Ri
MEX/SWTN S64 48 E1
Glen Field Av
DONS/BSCR DN4 33 F6
Glen Rd ARMTH DN3 45 G1
Gliwice Wy
DONS/BSCR DN4 34 C6
Gloucester Rd WHHL DN2 34 B2
Glyn Av DON DN1 3 F3
Godfrey Rd THNE DN8 14 E2
Golden Smithies La
MEX/SWTN S64 37 H6
Goldsborough Rd
WHHL DN2 34 B4
Goldsmith Rd
DONS/BSCR DN4 42 C3
Goldthorpe Vls
AWLS/ASK DN6 * 4 C4
Gomersall Av CONI DN12 50 C1
Goodison Bvd
DONS/BSCR DN4 44 A2
Goodwin Av RAW S62 48 A5
Goodwin Crs
MEX/SWTN S64 37 K5
Goodwood Gdns
DONS/BSCR DN4 34 E5
Goosehill Ct
DONS/BSCR DN4 42 B5
Gordon Rd CONI DN12 52 A1
Gordon St DON DN1 2 C4
Gorehill Cl DEARNE S63 37 G3
Gorse Cl HTFD DN7 21 H6
Goulding St
MEX/SWTN S64 38 B5
Gowdall Gn BTLY DN5 26 A2
Grace Rd CONI DN12 41 G6
Grady Dr DONS/BSCR DN4 42 C4
Graftdyke Cl
NROS/TKH DN11 55 J2
Graham Rd ARMTH DN3 28 B2
Grainger Cl CONI DN12 51 K2
Grampian Cl BTLY DN5 3
Grampian Wy THNE DN8 1
Granby Ct ARMTH DN3 3
Granby Crs WHHL DN2
Granby La NROS/TKH DN11 5
Granby Rd CONI DN12 5
Grange Av BWTY DN10 6
DONS/BSCR DN4 4
HTFD DN7 2
Grange Cl AWLS/ASK DN6 1
DONS/BSCR DN4 4
HTFD DN7 2
Grange Ct BTLY DN5 3
DONS/BSCR DN4 4
Grange Dr NROS/TKH DN11 6
Grange Farm
DONS/BSCR DN4 4
Grangefield Av
NROS/TKH DN11 5
Grangefield Ter
NROS/TKH DN11 5
Grange Gv THNE DN8
Grange La AWLS/ASK DN6
DONS/BSCR DN4 4
MALT S66 5
NROS/TKH DN11 5
Grange Pk ARMTH DN3 2
Grange Rd AWLS/ASK DN6
AWLS/ASK DN6 2
BTLY DN5 2
DEARNE S63 3
DONS/BSCR DN4 4
MEX/SWTN S64 4
RAW S62 4
THNE DN8
Grange Sq THNE DN8
The Grange AWLS/ASK DN6 1
Grange Vw
DONS/BSCR DN4 4
NROS/TKH DN11 6
Grantham St
NROS/TKH DN11 5
Grasmere Av WHHL DN2 3
Grasmere Rd
AWLS/ASK DN6 1
CONI DN12 5
Gray Gdns
DONS/BSCR DN4 4
Grays Ct CONI DN12 3
Great Central Av
DONS/BSCR DN4 4
Great North Rd
AWLS/ASK DN6 1
BWTY DN10 6
Greenacre Cl HTFD DN7 2
Green Acres RAW S62 4
Green Balk MALT S66 5
Green Boulevarde
DONS/BSCR DN4 4
Greenfield RAW S62 4
Greenfield Cl ARMTH DN3 2
ARMTH DN3 3
Greenfield Ct
MEX/SWTN S64 3
Greenfield Gdns
DONS/BSCR DN4 4
Greenfield La
DONS/BSCR DN4 3
Greenhouse Rd WHHL DN2 3
Green Ings La DEARNE S63 3
Greenland Av MALT S66 5
Greenland Av South
MALT S66 5
Greenlands Av
NROS/TKH DN11 5
Greenland Wy MALT S66 5
Green La ARMTH DN3 3
AWLS/ASK DN6
AWLS/ASK DN6
AWLS/ASK DN6 2
BTLY DN5 2
NROS/TKH DN11 5
RAW S62 3
RAW S62 4
Greenleafe Av WHHL DN2 2
Green St DONS/BSCR DN4 4
The Green CONI DN12 3
EPW DN9 4
MEX/SWTN S64 4
THNE DN8 1
Greenwood Av
DONS/BSCR DN4 4
NROS/TKH DN11 5
Greenwood Rd
MEX/SWTN S64 4
Green's Rd HTFD DN7 2
Gregory Crs
NROS/TKH DN11 5
Grenfell Av MEX/SWTN S64 3
Greno Rd MEX/SWTN S64 4
Grenville Rd
DONS/BSCR DN4 4
Gresley Av BWTY DN10 6
Gresley Rd
DONS/BSCR DN4 3
Grey Friars' Rd DON DN1
Grey Stone Cl
NROS/TKH DN11 5

'stone La
'ROS/TKH DN11 58 C2
e Cl DONS/BSCR DN4 35 G5
'in Rd MEX/SWTN S64 37 H6
venor Ct HTFD DN7 13 K2
venor Crs BTLY DN5 26 D3
ONS/BSCR DN4 41 H3
venor Rd
VLS/ASK DN6 17 F6
'ROS/TKH DN11 60 B6
venor Ter
ONS/BSCR DN4 41 H3
ve Av BTLY DN5 33 F2
ve Cl DEARNE S63 36 C1
ve Ct BTLY DN5 24 A6
ve Hill Rd WHHL DN2 27 J6
ve Pl DON DN1 2 D5
ve Rd DEARNE S63 36 B1
TFD DN7 13 K2
Grove ARMTH DN3 20 A3
AW S62 48 B6
'HHL DN2 34 B2
ve V WHHL DN2 27 J6
st La DONS/BSCR DN4 41 H2
dford Rd WHHL DN2 27 H6
ane Dr
ONS/BSCR DN4 41 H3
hills La ARMTH DN3 28 E6
ney Rd
ONS/BSCR DN4 42 B3
ch Av ARMTH DN3 28 C3
endoline Ms
EARNE S63 37 F4

H

don Ri MEX/SWTN S64 39 F3
ds La THNE DN8 6 C1
ds Nook Rd THNE DN8 6 D3
rians Cl
'ROS/TKH DN11 55 H4
ds Cl MALT S66 56 D3
ds La MALT S66 56 D3
ds Rd MALT S66 56 C3
g Crs NROS/TKH DN11 55 F3
gh Rd DONS/BSCR DN4 42 A2
g Rd THNE DN8 7 H3
ehill Cl
ONS/BSCR DN4 43 K3
dynby Gdns
RMTH DN3 35 K1
e Hill La HTFD DN7 22 B6
fax Av CONI DN12 50 D1
fax Crs BTLY DN5 32 E1
am Cl DONS/BSCR DN4 43 J2
am Pl RAW S62 48 B6
Av MEX/SWTN S64 38 D4
Balk La
'ROS/TKH DN11 42 C6
Cl DEARNE S63 36 B2
croft Dr ARMTH DN3 35 K3
Dr DEARNE S63 36 D4
er Cl ARMTH DN3 35 G1
Flat La
ONS/BSCR DN4 42 A3
Ga DON DN1 2 E4
IEX/SWTN S64 38 E4
La HTFD DN7 12 D6
side Ct ARMTH DN3 35 J6
St BTLY DN5 30 A4
View Rd
'ROS/TKH DN11 55 H4
Villa La BTLY DN5 18 A6
mshaw BTLY DN5 26 A5
meline Rd CONI DN12 50 E1
milton Cl
ONS/BSCR DN4 3 J7
IEX/SWTN S64 38 E3
milton Ms
ONS/BSCR DN4 3 K6
milton Park Rd
TLY DN5 32 C1
milton Rd
ONS/BSCR DN4 3 J7
IALT S66 57 F6
mpden Rd
IEX/SWTN S64 38 C5
mpole Balk La
WLS/ASK DN6 16 C2
mpson Gdns
RMTH DN3 28 C2
mpton Rd HTFD DN7 21 H3
VHHL DN2 3 K3
nbury Cl
ONS/BSCR DN4 42 A5
ndsworth Gdns
RMTH DN3 35 K1
ngman Stone Rd
TLY DN5 30 C5
ngthwaite La
WLS/ASK DN6 25 H2
ngthwaite Rd
WLS/ASK DN6 17 H4
nsby Cl
'ROS/TKH DN11 59 F3

Hanslope Vw ARMTH DN3 20 A6
Harcourt Cl
DONS/BSCR DN4 43 J2
Hardie Pl RAW S62 48 A5
Hardy Rd WHHL DN2 33 K1
Harewood Av ARMTH DN3 28 B1
AWLS/ASK DN6 16 D6
Harewood Ct
NROS/TKH DN11 55 J3
Harewood Dr BWTY DN10 61 G2
Harewood Rd WHHL DN2 34 B4
Harlington Ct CONI DN12 39 J5
Harlington Rd
MEX/SWTN S64 38 B1
Harmby Cl AWLS/ASK DN6 16 D1
Harold Av AWLS/ASK DN6 16 E6
Harpenden Cl HTFD DN7 21 J6
Harpendon Dr HTFD DN7 21 J5
Harrier Ct EPW DN9 45 K5
Harrington St DON DN1 2 E2
Harris Rd ARMTH DN3 35 G1
Harrogate Dr CONI DN12 39 G6
Harrop Dr MEX/SWTN S64 48 D2
Harrowden Rd WHHL DN2 34 A1
Harrow Rd ARMTH DN3 28 E6
Harthill Rd CONI DN12 50 D2
Hartland Crs ARMTH DN3 28 B3
Hartley Cl MEX/SWTN S64 48 E2
Hartley St MEX/SWTN S64 38 B5
Harvest Cl ARMTH DN3 28 C2
DONS/BSCR DN4 41 K1
MALT S66 56 A6
Harvey Cl EPW DN9 46 C5
Haslam Pl MALT S66 57 F4
Haslam Rd
NROS/TKH DN11 55 G2
Haslemere Ct BTLY DN5 33 F1
Haslemere Gv BTLY DN5 33 F1
Hatchell Dr
DONS/BSCR DN4 44 C4
Hatchellwood Vw
DONS/BSCR DN4 44 D4
Hatfield La ARMTH DN3 20 B4
ARMTH DN3 28 D3
Hatfield Rd HTFD DN7 14 D5
THNE DN8 15 F4
Hatherley Rd
MEX/SWTN S64 37 K4
Hatter Dr CONI DN12 52 A3
Hauxwell Cl AWLS/ASK DN6 16 C1
Hawes Cl MEX/SWTN S64 38 E3
Hawfield Cl
DONS/BSCR DN4 33 F6
Hawke Rd WHHL DN2 34 A2
Hawkhouse Green La
AWLS/ASK DN6 11 J2
Hawkins Cl
NROS/TKH DN11 60 A5
Hawksley Cl ARMTH DN3 35 J1
Hawksley Ct ARMTH DN3 28 D6
Hawley St RAW S62 48 A6
Hawthorn Av ARMTH DN3 28 D5
MALT S66 56 B5
Hawthorne Av HTFD DN7 29 G1
RAW S62 48 B6
THNE DN8 7 F6
Hawthorne Cha
MEX/SWTN S64 37 J6
Hawthorne Crs
AWLS/ASK DN6 16 E2
MEX/SWTN S64 38 A4
Hawthorne Gv BTLY DN5 26 B3
THNE DN8 7 F6
Hawthorne Rd
DEARNE S63 37 G4
EPW DN9 45 J5
THNE DN8 7 F6
Hawthorn Gv CONI DN12 50 D3
Haydn Rd MALT S66 57 F6
Haydock Cl
MEX/SWTN S64 38 D3
Hayfield Cl ARMTH DN3 20 C4
Hayfield Ct EPW DN9 45 K5
Hayfield La EPW DN9 45 G5
Hayhurst Crs MALT S66 56 E6
Haynes Cl THNE DN8 15 G3
Haynes Gdns THNE DN8 15 G2
Haynes Gn THNE DN8 15 G2
Haynes Gv THNE DN8 15 G3
Haynes Rd THNE DN8 15 G2
Haythorne Wy
MEX/SWTN S64 48 E2
Haywood La BTLY DN5 10 C4
Hazel Av EPW DN9 45 J5
Hazel Gv ARMTH DN3 28 E6
CONI DN12 50 E2
NROS/TKH DN11 55 G3
Hazel Rd CONI DN12 52 A1
HTFD DN7 21 H2
MALT S66 56 B5
Hazelwood Dr
MEX/SWTN S64 48 E3
Headingley Cl ARMTH DN3 20 B6
Headingley Rd
AWLS/ASK DN6 4 C4
Headingley Wy CONI DN12 41 G6
Heath Bank Rd WHHL DN2 27 J6
Heath Ct DONS/BSCR DN4 41 H2

Heatherbank Rd
DONS/BSCR DN4 44 A2
Heather Cl
NROS/TKH DN11 58 E2
Heather Ct WHHL DN2 * 27 J6
Heatherdale Rd MALT S66 57 F5
Heatherwood Cl
WHHL DN2 34 D1
Heathfield Cl ARMTH DN3 20 C5
Heaton Gdns CONI DN12 52 B1
Heatons Bank RAW S62 48 B5
Heavens Wk
DONS/BSCR DN4 33 J6
Helena St MEX/SWTN S64 38 C4
Hemp Pits Rd BTLY DN5 26 D4
Hengist Rd BTLY DN5 32 D5
Henley Rd WHHL DN2 34 D2
Hennings Cl
DONS/BSCR DN4 43 H2
Henry Ct THNE DN8 7 G6
Henry La NROS/TKH DN11 54 E2
Henry Pl MEX/SWTN S64 38 E5
Henry Rd DEARNE S63 37 F3
Hepworth Rd
DONS/BSCR DN4 41 K2
Herald Rd WHHL DN2 28 A4
Herbert Rd BTLY DN5 33 F2
Herbert St MEX/SWTN S64 38 D4
Hereford Rd WHHL DN2 27 H6
Hereward Ct CONI DN12 51 H1
Hermes Cl BWTY DN10 61 F2
The Hermitage THNE DN8 7 H4
Heron Ct CONI DN12 51 H1
WHHL DN2 27 G6
Herons Wy
DONS/BSCR DN4 42 D2
Herrick Gdns
DONS/BSCR DN4 42 C3
Herrick Rd ARMTH DN3 20 B3
Herril Ings NROS/TKH DN11 59 F2
Herriot Gv NROS/TKH DN11 60 A6
Hesketh Dr ARMTH DN3 28 C1
Hesley Ct MEX/SWTN S64 48 D2
Hesley Rd NROS/TKH DN11 55 G3
Hewitt St MEX/SWTN S64 38 E4
Hexthorpe Rd
DONS/BSCR DN4 2 B5
Heyworth La
AWLS/ASK DN6 10 D1
Hickleton St CONI DN12 39 H6
High Alder Rd
DONS/BSCR DN4 43 J1
High Bridge Rd THNE DN8 15 J3
Highbury Av
DONS/BSCR DN4 44 A1
Highbury Crs
DONS/BSCR DN4 44 A1
Highbury V CONI DN12 51 K2
Highcliffe Ct
MEX/SWTN S64 38 A6
Highcliffe Dr
MEX/SWTN S64 37 K6
High Common La
NROS/TKH DN11 59 K2
Highfield Cl ARMTH DN3 20 C4
Highfield Cottages
MEX/SWTN S64 * 38 B5
Highfield Crs THNE DN8 14 E1
Highfield Gv DEARNE S63 36 A2
Highfield La
AWLS/ASK DN6 11 H5
Highfield Pk MALT S66 57 F6
Highfield Rd
AWLS/ASK DN6 10 B1
BWTY DN10 61 H2
CONI DN12 51 G2
DON DN1 3 F2
MEX/SWTN S64 37 H6
High Fisher Ga DON DN1 2 E2
Highgate Cl
NROS/TKH DN11 55 H4
Highgrove Ct
DONS/BSCR DN4 44 C3
High Hazel Rd THNE DN8 7 H3
High Levels Bank
THNE DN8 15 G6
High Meadow BWTY DN10 61 F3
Highmill Av
MEX/SWTN S64 37 G6
Highridge Cl CONI DN12 51 G2
High Rd CONI DN12 52 A2
DONS/BSCR DN4 41 G3
High St ARMTH DN3 20 B4
AWLS/ASK DN6 4 C4
AWLS/ASK DN6 9 G1
AWLS/ASK DN6 10 A2
AWLS/ASK DN6 17 G3
BTLY DN5 26 B5
BWTY DN10 61 G4
CONI DN12 51 F1
DEARNE S63 37 F3
DON DN1 2 D3
HTFD DN7 21 H6
HTFD DN7 22 B4
HTFD DN7 29 F1
MALT S66 56 E1
MALT S66 56 E5
MEX/SWTN S64 38 C5

NROS/TKH DN11 53 G4
Highthorn Rd
MEX/SWTN S64 48 E2
Highthorn Vls
MEX/SWTN S64 * 49 F2
Highwoods Crs
MEX/SWTN S64 38 A4
Highwoods Rd
MEX/SWTN S64 38 A4
Hillcrest Rd WHHL DN2 34 B1
Hillsborough Rd
DONS/BSCR DN4 44 A1
Hills Cl BTLY DN5 32 D5
MEX/SWTN S64 38 B4
Hillscroft Rd EPW DN9 46 C4
Hillside Ct BTLY DN5 41 F1
Hillside Dr CONI DN12 51 K2
Hillside Rd WHHL DN2 27 J6
Hilltop Cl MALT S66 56 B4
Hill Top Ct NROS/TKH DN11 60 A6
Hill Top Crs CONI DN12 52 A2
WHHL DN2 27 J6
Hilltop Gdns CONI DN12 50 C1
Hill Top Rd CONI DN12 50 C2
Hilton St AWLS/ASK DN6 10 A1
Hindburn Cl
DONS/BSCR DN4 43 J2
Hirst Ga MEX/SWTN S64 38 E4
Hirst La MALT S66 57 J1
Hobcroft Ter
AWLS/ASK DN6 17 F2
Hoddesdon Crs HTFD DN7 21 J6
Holderness Cl
NROS/TKH DN11 60 A6
Holiwell Cl MALT S66 57 F4
Holland Cl RAW S62 48 A4
Hollin Bridge La HTFD DN7 22 E5
Hollin Cl NROS/TKH DN11 55 J1
Hollow Ga BTLY DN5 40 A4
Hollowgate Av
DEARNE S63 36 C1
The Hollows
DONS/BSCR DN4 44 A3
EPW DN9 45 J3
Holly Av BTLY DN5 26 A6
Holly Ct NROS/TKH DN11 59 J6
Holly Croft Gv
NROS/TKH DN11 59 F2
Holly Dene ARMTH DN3 28 C5
Holly Dr BTLY DN5 26 B3
Holly Gv DEARNE S63 37 F5
NROS/TKH DN11 55 H2
Holly Rd EPW DN9 45 J5
THNE DN8 7 G6
Holly St DON DN1 33 H6
Holly Ter DONS/BSCR DN4 41 K2
Hollytree Av MALT S66 56 B4
Hollywell Cl RAW S62 48 C5
Holmefield Cl ARMTH DN3 35 K2
Holme Fleet La
AWLS/ASK DN6 19 K1
Holme Gdns HTFD DN7 13 H4
Holme Hall La MALT S66 57 J1
Holme La BTLY DN5 18 B1
Holmeroyd Rd
AWLS/ASK DN6 17 J4
Holmes Carr Crs
NROS/TKH DN11 54 E2
Holmes Carr Rd
DONS/BSCR DN4 43 K3
NROS/TKH DN11 54 E1
Holmes La CONI DN12 49 J3
Holmes Market DON DN1 3 F1
The Holmes DON DN1 3 F1
Holme Wood Ct
ARMTH DN3 * 28 C3
Holme Wood Gdns
DONS/BSCR DN4 44 A2
Holme Wood La
ARMTH DN3 29 K6
Holmoak Cl
MEX/SWTN S64 48 E2
Holmshaw Cl ARMTH DN3 28 C2
Holyrood Rd WHHL DN2 34 B4
Holywell Crs MALT S66 56 E1
Holywell La CONI DN12 51 F2
MALT S66 56 E1
Holywell Rd
MEX/SWTN S64 48 E2
Homefield Crs BTLY DN5 25 J5
Home Mdw
NROS/TKH DN11 58 E4
Homestead Dr RAW S62 48 A4
Homestead Garth
HTFD DN7 21 K3
The Homestead BTLY DN5 26 B4
Honey Lands La BTLY DN5 18 D1
Honeysuckle Cl
DONS/BSCR DN4 43 J1
Honeysuckle Ct EPW DN9 46 C6
Honister Cl DEARNE S63 36 A2
Hoober St DEARNE S63 36 B3
Hooton La MALT S66 56 C6
Hooton Rd MEX/SWTN S64 49 G4
Hope St MEX/SWTN S64 38 C5
Hop Hills La HTFD DN7 21 J2
Hopyard La
NROS/TKH DN11 59 G1

Horninglow Cl
DONS/BSCR DN4 44 C3
Hornsby Rd ARMTH DN3 35 K2
Horsefair Cl
MEX/SWTN S64 37 J6
Horse Fair Gn THNE DN8 15 F2
Horsehills La ARMTH DN3 35 H2
Horse Shoe Ct
DONS/BSCR DN4 41 K2
Horton Vw ARMTH DN3 20 A6
Hound Hill La DEARNE S63 37 K2
Houps Rd THNE DN8 15 G2
Howard Rd MALT S66 57 F5
NROS/TKH DN11 60 C6
Howbeck Cl CONI DN12 51 K2
Howbeck Dr CONI DN12 51 K2
Howden Av
AWLS/ASK DN6 16 C2
Howden Cl
DONS/BSCR DN4 43 J3
Howdike La
RHAM/THRY S65 49 J4
Howville Av HTFD DN7 22 C5
Hoylake Dr
MEX/SWTN S64 48 E2
Hoyland St MALT S66 57 F5
Hoyle Croft La MALT S66 56 C1
Hugh Hill La HTFD DN7 13 K5
Humber Cl AWLS/ASK DN6 16 E2
Humber Ct AWLS/ASK DN6 16 E2
Hund Oak Dr HTFD DN7 21 K3
Hungerhill La ARMTH DN3 28 A3
Hunster Gv
NROS/TKH DN11 55 G3
Huntingdon Rd
WHHL DN2 34 D3
Huntington St BTLY DN5 26 B3
Huntington Wy MALT S66 56 C3
Hunt La BTLY DN5 33 G2
Hurley Cft DEARNE S63 36 A2
Hurlstone Cl ARMTH DN3 28 C2
Hurst La EPW DN9 45 H6
Hutchinson Rd RAW S62 48 B5
Huxterwell Dr
DONS/BSCR DN4 42 B5
Hyland Crs
DONS/BSCR DN4 41 H3
Hyman Cl DONS/BSCR DN4 41 H2

I

Ibsen Crs ARMTH DN3 20 B3
Ida Gv MALT S66 56 B4
Imperial Crs WHHL DN2 3 K2
Ingham Rd BWTY DN10 61 F2
Ingleborough Dr
BTLY DN5 32 D5
Ingledene Ms ARMTH DN3 20 B4
Ingle Gv BTLY DN5 32 D5
Inglenook Dr THNE DN8 15 G1
Ingram Crs HTFD DN7 21 H4
Ingram Gv HTFD DN7 21 H4
Ingram Rd HTFD DN7 21 H5
Ingshead Av RAW S62 48 B6
Ings La AWLS/ASK DN6 16 E2
BTLY DN5 26 E3
BTLY DN5 32 D5
HTFD DN7 13 G3
Ings Rd BTLY DN5 33 G2
BTLY DN5 40 B3
Ings Wy BTLY DN5 26 D3
Insley Gdns
DONS/BSCR DN4 44 A2
Instone Ter AWLS/ASK DN6 9 K3
Inverness Rd HTFD DN7 21 J3
Irwell Gdns
DONS/BSCR DN4 34 E5
Ivanhoe Cl BTLY DN5 32 E3
Ivanhoe Rd ARMTH DN3 28 B4
CONI DN12 50 E1
CONI DN12 52 A2
DONS/BSCR DN4 41 J2
Ivanhoe Wy BTLY DN5 32 E3
Ivatt Cl BWTY DN10 61 G2
Ivor Gv DONS/BSCR DN4 42 A1
Ivy Cl HTFD DN7 22 A3
NROS/TKH DN11 55 H2
Ivy House Ct EPW DN9 45 H2
Ivy Rd THNE DN8 7 F6

J

Jack Row La HTFD DN7 12 D2
James Ct THNE DN8 7 G6
James Rd AWLS/ASK DN6 17 H4
James St MEX/SWTN S64 39 F4
Jarratt St DON DN1 3 F6
Jasmine Cl CONI DN12 51 G2
Jefferson Av WHHL DN2 27 K4
Jenkinson Gv ARMTH DN3 35 G1
Joan Croft La BTLY DN5 18 E2
Joan La MALT S66 56 C6

Jockell Dr RAW S62 48 A6
Johnson Ct CONI DN12 41 G6
Johnston's Rd HTFD DN7 14 A4
John St AWLS/ASK DN6 17 G5
MEX/SWTN S64 38 C5
Jossey La BTLY DN5 25 H5
Jubilee Rd DON DN1 33 K2
Junction Rd HTFD DN7 13 G6
NROS/TKH DN11 55 F3

K

Kearsley La CONI DN12 50 E3
Keats Rd DONS/BSCR DN4 42 B3
Keble Martin Wy
DEARNE S63 36 D3
Keble Sq DEARNE S63 36 D3
Keepers Cl
NROS/TKH DN11 55 J2
Keir Pl RAW S62 48 C5
Kelham Bank DON DN1 33 H6
Kelham St DON DN1 33 H6
Kelsey Gdns
DONS/BSCR DN4 44 A4
Kelso Dr DONS/BSCR DN4 41 H2
Kelvin St MEX/SWTN S64 38 C4
Kempton Dr HTFD DN7 29 G1
Kempton Gdns
MEX/SWTN S64 38 E3
Kempton Park Rd
BTLY DN5 32 C2
Kempton St
DONS/BSCR DN4 34 E5
Kempwell Dr RAW S62 48 A3
Kendal Cl BTLY DN5 * 31 K6
Kendal Crs CONI DN12 51 G1
Kendal Rd BTLY DN5 26 A6
Kendon Gdns THNE DN8 15 E1
Kenilworth Cl BTLY DN5 32 C1
Kenilworth Rd
DONS/BSCR DN4 41 J2
Kenmare Crs WHHL DN2 34 B3
Kenneth Av HTFD DN7 13 G5
HTFD DN7 29 H1
Kennington Av
AWLS/ASK DN6 16 D6
Kennington Gv CONI DN12 41 G6
Kenrock Cl BTLY DN5 26 E4
Kentmere Dr
DONS/BSCR DN4 43 H2
Kent Rd DONS/BSCR DN4 42 B3
Kents Gdns THNE DN8 7 H4
Kenyon Cl THNE DN8 15 F1
Kepple Cl NROS/TKH DN11 55 G4
Kestrel Dr AWLS/ASK DN6 17 F5
Keswick BTLY DN5 26 A5
Kew Ct MEX/SWTN S64 48 D2
Kier Hardie Av
NROS/TKH DN11 55 H3
Kilnhurst Rd RAW S62 48 B5
RHAM/THRY S65 49 H4
King Av MALT S66 57 F6
NROS/TKH DN11 55 F2
King Edward Crs THNE DN8 7 F6
King Edward Rd
DONS/BSCR DN4 42 B1
THNE DN8 15 F1
King Edwards Rd
NROS/TKH DN11 58 D3
Kingfisher Cl WHHL DN2 27 H6
Kingfisher Ct
NROS/TKH DN11 55 H2
Kingfisher Rd
AWLS/ASK DN6 17 F4
King Georges Cl
NROS/TKH DN11 54 E3
King Georges Ct
HTFD DN7 21 G1
King George Sq
ARMTH DN3 28 B1
King George's Rd
NROS/TKH DN11 54 E2
Kings Ar DON DN1 * 2 D4
Kings Court Rd THNE DN8 7 G6
Kingsgate DON DN1 2 E4
Kingsgate Flats DON DN1 2 E4
Kingsley Av BTLY DN5 32 E3
Kingsley Crs ARMTH DN3 35 J1
Kingsley Rd AWLS/ASK DN6 16 E6
Kingsmead THNE DN8 7 G4
Kingsmead Dr ARMTH DN3 45 F1
Kingston Rd WHHL DN2 34 C3
King St DON DN1 3 F3
MEX/SWTN S64 37 K6
THNE DN8 15 F2
Kingsway HTFD DN7 13 G6
Kingsway Cl
NROS/TKH DN11 55 H4
King's Cl HTFD DN7 21 K3
King's Crs CONI DN12 41 F6
King's Rd AWLS/ASK DN6 10 E1
DON DN1 3 G2
MEX/SWTN S64 38 D4
King's Ter AWLS/ASK DN6 10 B1
Kinsbourne Gn HTFD DN7 21 J4
Kiplin Dr AWLS/ASK DN6 4 B4
Kipling Av DONS/BSCR DN4 41 K3
Kipling Rd ARMTH DN3 20 B3
Kirby St MEX/SWTN S64 38 C4
Kirkby Av BTLY DN5 33 F1
Kirkhall Cl ARMTH DN3 35 K2
Kirkhouse Green Rd
HTFD DN7 12 C1
Kirkstall Cl BTLY DN5 32 C2
Kirkstone Cl BTLY DN5 26 A5
Kirk St DONS/BSCR DN4 2 A5
Kirton La HTFD DN7 13 K5
THNE DN8 14 E3
Knaresborough Rd
CONI DN12 50 C2
Knavesmire Gdns
DONS/BSCR DN4 34 E5
Knollbeck Av
WMB/DAR S73 36 A1
Knoll Beck Crs
WMB/DAR S73 36 A1
Knollbeck La
WMB/DAR S73 36 A1

L

Laburnum Av THNE DN8 7 G5
Laburnum Dr ARMTH DN3 28 E6
Laburnum Gv CONI DN12 50 D2
Laburnum Pde MALT S66 56 B5
Laburnum Pl BTLY DN5 26 A3
Laburnum Rd
DONS/BSCR DN4 41 K3
MALT S66 56 B5
MEX/SWTN S64 38 B3
Lady Bank Dr
DONS/BSCR DN4 33 K6
Lady Cft DEARNE S63 36 E3
Ladycroft Rd ARMTH DN3 35 J3
Lady Gap La AWLS/ASK DN6 9 G4
Lake Cl CONI DN12 51 K2
Lakeen Rd WHHL DN2 34 B3
Lake Rd AWLS/ASK DN6 25 G2
Lakeside Bvd
DONS/BSCR DN4 43 G2
Lambcote Wy MALT S66 57 F4
Lambert Wk DEARNE S63 36 C1
Lambeth Rd
DONS/BSCR DN4 42 B2
Lanark Dr MEX/SWTN S64 38 E2
Lanark Gdns WHHL DN2 34 D2
Lancaster Av ARMTH DN3 28 B1
WHHL DN2 34 D3
Lancaster Cl
NROS/TKH DN11 59 F3
Lancaster Crs
NROS/TKH DN11 59 F3
Lancaster Dr BWTY DN10 61 F2
Land Ends Rd THNE DN8 6 D5
Laneham Cl
DONS/BSCR DN4 43 K3
Lane Head Cl RAW S62 * 48 B5
Laneside Cl
DONS/BSCR DN4 33 F6
Langdale Cl
NROS/TKH DN11 59 F2
Langdale Dr BTLY DN5 25 K5
NROS/TKH DN11 59 F2
Langdale Rd
AWLS/ASK DN6 17 F2
Langer St DONS/BSCR DN4 33 F6
Langold Dr AWLS/ASK DN6 4 C4
Langsett Ct
DONS/BSCR DN4 43 H1
Langthwaite La BTLY DN5 25 H3
Langthwaite Rd BTLY DN5 25 J4
Langton Gdns ARMTH DN3 45 G1
Lansbury Av
NROS/TKH DN11 55 H2
Lansbury Pl RAW S62 48 D5
Lansdowne Crs
MEX/SWTN S64 48 E1
Lansdowne Rd WHHL DN2 34 D2
Larch Av EPW DN9 45 H6
Larch Dr ARMTH DN3 35 J1
The Larches
MEX/SWTN S64 48 D1
Larchfield Rd
DONS/BSCR DN4 41 K2
Larch Gv CONI DN12 50 D3
Larch Rd MALT S66 56 B4
Larkspur Cl ARMTH DN3 28 B4
MEX/SWTN S64 48 D3
Larwood Gv CONI DN12 41 G6
Latham Sq ARMTH DN3 20 B6
Latin Gdns BTLY DN5 25 G6
Lauder Rd BTLY DN5 33 F1
Laughton Rd
DONS/BSCR DN4 2 A6
Laurel Av BTLY DN5 32 D2
THNE DN8 7 G4
Laurel Rd ARMTH DN3 28 D6
Laurel Sq EPW DN9 45 K5
Laurel Ter AWLS/ASK DN6 16 E1
DONS/BSCR DN4 42 A2
Laurold Av HTFD DN7 22 E5
Lavender Cl CONI DN12 51 G2
Lavenham Pl
AWLS/ASK DN6 16 C1
Lawn Av AWLS/ASK DN6 16 D5
DON DN1 3 G3
Lawndale AWLS/ASK DN6 16 D1
Lawn Garth BTLY DN5 25 K6
Lawn Rd DON DN1 3 G3
Lawrence Dr
MEX/SWTN S64 48 D1
Laxton Cl MALT S66 56 B4
Layden Dr BTLY DN5 25 G5
Leach La MEX/SWTN S64 38 D5
Leaf Cl MALT S66 57 F4
Leamington Gdns
WHHL DN2 34 D2
The Leas BTLY DN5 32 E2
The Lea MEX/SWTN S64 48 C2
Ledbury Gdns BTLY DN5 32 C2
Lee Cft MALT S66 57 G6
Leeming Ct BWTY DN10 61 F4
Leger Ct WHHL DN2 * 3 H5
Leger Wy WHHL DN2 34 B4
Leicester Av WHHL DN2 34 B4
Leinster Av WHHL DN2 34 B2
Lennox Rd WHHL DN2 34 C2
Leslie Av CONI DN12 50 D1
MALT S66 56 B6
Levels La EPW DN9 46 D1
Leverick Dr RAW S62 48 D4
Leverstock Gn HTFD DN7 21 J4
Levet Rd DONS/BSCR DN4 35 G6
Lewes Rd CONI DN12 50 E2
Lewyns Dr
DONS/BSCR DN4 35 G6
Leyburn Cl
DONS/BSCR DN4 44 B2
Leyburn Rd AWLS/ASK DN6 16 D1
Leyfield Ct ARMTH DN3 35 K2
Leyland Av HTFD DN7 22 A4
Leys Cl DONS/BSCR DN4 41 K5
Leys La AWLS/ASK DN6 16 B2
Lichen Cl ARMTH DN3 28 B4
Lichfield Gdns CONI DN12 51 K2
Lichfield Rd HTFD DN7 21 J3
WHHL DN2 34 A1
Lidget Cl DONS/BSCR DN4 44 A2
Liffey Av WHHL DN2 34 B2
Lifford Rd WHHL DN2 34 A2
Lilac Crs CONI DN12 52 A2
Lilac Gv BWTY DN10 61 F3
CONI DN12 50 D2
DONS/BSCR DN4 44 B1
EPW DN9 45 J5
MALT S66 56 B5
Lilac Rd ARMTH DN3 28 E6
Lillford Rd ARMTH DN3 45 G1
Lilly Hall Cl MALT S66 56 B4
Lilly Hall Rd MALT S66 56 C5
Limbreck Ct BTLY DN5 26 A4
Lime Av EPW DN9 45 J5
Lime Ct BTLY DN5 32 C6
Limedale Vw ARMTH DN3 20 C5
Lime Gv MALT S66 57 F5
MEX/SWTN S64 48 E2
Limesway MALT S66 56 D5
Lime Tree Av ARMTH DN3 28 D6
DONS/BSCR DN4 3 H6
Lime Tree Ct
DONS/BSCR DN4 3 J7
Lime Tree Crs BWTY DN10 61 F3
NROS/TKH DN11 55 H3
RAW S62 48 C5
Lime Tree Gv THNE DN8 15 F1
Limpool Cl
DONS/BSCR DN4 44 B3
Lincoln Rd WHHL DN2 34 A1
Lincoln St MALT S66 56 E6
NROS/TKH DN11 55 F2
Linden Cl HTFD DN7 21 K3
Linden Gv CONI DN12 52 A2
MALT S66 56 B5
Linden Rd DEARNE S63 36 B3
Linden Wk BTLY DN5 26 A1
Lindholme Dr
NROS/TKH DN11 55 J1
Lindley Ct EPW DN9 46 C6
Lindley Rd EPW DN9 46 C6
Lindrick NROS/TKH DN11 58 D4
Lindrick Av
MEX/SWTN S64 49 F1
Lindrick Cl
DONS/BSCR DN4 43 J4
NROS/TKH DN11 58 D4
Lindrick Dr ARMTH DN3 35 J2
Lindrick La
NROS/TKH DN11 58 D5
Lindrick Rd HTFD DN7 22 D5
Lindsey Cl DONS/BSCR DN4 43 K4
Lindsey Rd
NROS/TKH DN11 60 A5
Lingfield Dr BTLY DN5 32 C2
Ling Field Rd BTLY DN5 16 A6
Ling House La HTFD DN7 20 D1
Lingmoor Cl
DONS/BSCR DN4 41 J3
Lings La HTFD DN7 21 K6
Linkswood Av WHHL DN2 27 J6
Linkway AWLS/ASK DN6 * 4 C4
WHHL DN2 34 C1
Linton Cl BWTY DN10 61 F4
Liskeard Pl AWLS/ASK DN6 16 E6
Lister Av DONS/BSCR DN4 42 B1
Lister Ct WHHL DN2 34 B2
Little Haynooking La
MALT S66 56 D5
Littlehey Cl MALT S66 56 B4
Little La BTLY DN5 31 K3
WHHL DN2 27 J4
Littlemoor La
DONS/BSCR DN4 33 G6
Littlemoor St
DONS/BSCR DN4 * 2 B7
Littlewood Rd THNE DN8 15 G2
Littlewood St
DONS/BSCR DN4 2 A6
Littlewood Wy MALT S66 57 F4
Littleworth Cl
NROS/TKH DN11 55 J2
Littleworth La
NROS/TKH DN11 55 J2
Liverpool Av WHHL DN2 34 A1
Livingstone Av WHHL DN2 27 K4
Llewelyn Crs
AWLS/ASK DN6 9 J2
Lobelia Crs ARMTH DN3 28 B2
Locarno Rd THNE DN8 7 H4
Lockesley Av CONI DN12 50 D1
Lock Hl THNE DN8 14 E2
Locking Dr ARMTH DN3 35 K2
Lock La THNE DN8 14 E2
Locksley Av ARMTH DN3 28 B3
Lockwood Cl THNE DN8 15 H2
Lockwood Rd DON DN1 33 K2
Lodge Ct HTFD DN7 21 K4
Lodge La HTFD DN7 12 D2
Lodge Rd AWLS/ASK DN6 17 F1
Long Cl DONS/BSCR DN4 43 K4
Long Edge La BTLY DN5 25 J4
Longfellow Rd
DONS/BSCR DN4 42 C3
Long Field Dr ARMTH DN3 28 C3
Longfield Dr
DONS/BSCR DN4 43 K3
Long Field Rd ARMTH DN3 28 C2
Long Ga NROS/TKH DN11 52 E6
Long Lands La BTLY DN5 24 B1
Long La BTLY DN5 32 A3
Long Leys La MALT S66 51 K6
Longton Rd ARMTH DN3 20 C6
Lonsdale Av WHHL DN2 34 C4
Lords Cl CONI DN12 41 G5
Lord St HTFD DN7 13 G6
Lord's Head La
DONS/BSCR DN4 41 H5
Lorna Rd MEX/SWTN S64 38 C4
Lothian Rd WHHL DN2 34 D2
Lounde Cl BTLY DN5 32 B6
Loversall Cl
DONS/BSCR DN4 42 B4
Low Common
NROS/TKH DN11 59 H6
Lowell Av DONS/BSCR DN4 42 B3
Lower Boundary Rd
AWLS/ASK DN6 19 H3
Lower Dolcliffe Rd
MEX/SWTN S64 38 B4
Lower Kenyon St
THNE DN8 15 F1
Lower Malton Rd
BTLY DN5 25 J6
Lower Pasture EPW DN9 46 C5
Lowfield Cl ARMTH DN3 20 C5
Low Field La BWTY DN10 61 J1
Lowfield Rd WHHL DN2 27 J6
Lowgate BTLY DN5 25 J6
Low Golden Smithies
MEX/SWTN S64 37 J5
Lowhill THNE DN8 6 D6
Lowlands Cl BTLY DN5 26 B2
Low La HTFD DN7 12 B4
Low Levels Bank
HTFD DN7 23 H3
Low Rd CONI DN12 51 F1
DONS/BSCR DN4 42 A2
Low Rd East
DONS/BSCR DN4 41 H3
Low Rd West
DONS/BSCR DN4 41 G4
Lowther Rd DON DN1 33 K2
Low Wood Cl
MEX/SWTN S64 * 48 D2
Loxley Mt AWLS/ASK DN6 9 G1
Ludgate Cl
NROS/TKH DN11 55 H4
Ludwell Hl BTLY DN5 30 B5
Lumley Crs MALT S66 57 G5
Lumley Dr NROS/TKH DN11 59 F3
Lunbreck Rd
DONS/BSCR DN4 41 G4
Lutterworth Dr
AWLS/ASK DN6 16 E5
Lych Gate Cl
DONS/BSCR DN4 44 C2
Lyndale Av ARMTH DN3 28 A4
Lynden Av AWLS/ASK DN6 1
Lyndhurst Cl
AWLS/ASK DN6
THNE DN8 1
Lyndhurst Crs ARMTH DN3 2
Lyndhurst Dr
AWLS/ASK DN6
Lyndhurst Ri
AWLS/ASK DN6
Lyndum Vls
AWLS/ASK DN6 *
Lynton Dr ARMTH DN3 2
Lynwood Dr
MEX/SWTN S64 3
Lytham Cl DONS/BSCR DN4 4
Lytton Cl DONS/BSCR DN4 4

M

Macaulay Crs ARMTH DN3 3
Macmanus Av RAW S62 4
Madam La ARMTH DN3 2
Madingley Cl
DONS/BSCR DN4 4
Madison Dr BWTY DN10 6
Magellan Rd MALT S66 5
Magnolia Cl ARMTH DN3 2
Mahon Av RAW S62 4
Maidwell Wy ARMTH DN3 2
Main Av CONI DN12 4
Main St ARMTH DN3 3
BTLY DN5 4
EPW DN9 4
HTFD DN7 1
HTFD DN7 2
MEX/SWTN S64 3
NROS/TKH DN11 5
NROS/TKH DN11 5
RAW S62 4
Main Vw HTFD DN7 * 1
Makin St MEX/SWTN S64 3
Malham Cl BWTY DN10 61
Malham Tarn Ct
DONS/BSCR DN4 4
Mallard Av ARMTH DN3 2
Mallard Cl DONS/BSCR DN4 41
Mallin Dr CONI DN12 52
Mallory Dr MEX/SWTN S64 3
Maltby Vls HTFD DN7 * 22
Maltings Ct ARMTH DN3 2
Malton Rd BTLY DN5 25
WHHL DN2 34
Malvern Av BTLY DN5 32
Malvern Cl THNE DN8 * 14
Malvern Rd WHHL DN2 34
Malwood Wy MALT S66 57
Mangham La
NROS/TKH DN11 58
Mannering Rd
DONS/BSCR DN4 41
Manor Cl ARMTH DN3 20
AWLS/ASK DN6 4
DEARNE S63 36
MALT S66 56
Manor Dr BTLY DN5 40
WHHL DN2 3
Manor Est BTLY DN5 25
Manor Farm Cl
AWLS/ASK DN6 9
AWLS/ASK DN6 17
Manor Farm Dr
MEX/SWTN S64 48
Manor Gdns BTLY DN5 32
HTFD DN7 22
Manor Garth
AWLS/ASK DN6 4
Manor House Ct BTLY DN5 25
Manor La MEX/SWTN S64 38
Manor Pl RAW S62 48
Manor Ri NROS/TKH DN11 53
Manor Rd ARMTH DN3 20
AWLS/ASK DN6 9
BTLY DN5 * 26
DEARNE S63 36
HTFD DN7 13
HTFD DN7 22
MALT S66 56
MEX/SWTN S64 48
Manor Wy AWLS/ASK DN6 9
Manse Cl DONS/BSCR DN4 44
Mansfield Crs ARMTH DN3 28
AWLS/ASK DN6 17
Mansion Court Gdns
THNE DN8 15
Manvers Pk DEARNE S63 37
Manvers Rd
MEX/SWTN S64 38
Manvers Wy DEARNE S63 36
Maple Av DONS/BSCR DN4 44
EPW DN9 45
MALT S66 56
Maple Dr EPW DN9 45
Maple Gv BWTY DN10 61
CONI DN12 50
Maple Rd MEX/SWTN S64 38

HNE DN8 ..... 7 G6
ch Ga CONI DN12 ..... 51 F2
ch St CONI DN12 ..... 51 F1
ch Vale Ri CONI DN12 ..... 51 F2
an Crs AWLS/ASK DN6 ..... 9 J2
an Rd ARMTH DN3 ..... 28 A3
na Vw THNE DN8 ..... 15 F4
ket Pl AWLS/ASK DN6 ..... 10 A1
ONI DN12 ..... 52 A1
ON DN1 ..... 2 E2
ket Rd DON DN1 ..... 2 E2
ket St AWLS/ASK DN6 ..... 25 F3
EX/SWTN S64 ..... 38 A6
kham Av ARMTH DN3 ..... 28 C6
WLS/ASK DN6 ..... 17 G2
ONI DN12 ..... 50 D1
kham Cottages
ONI DN12 * 50 D1
kham Ct CONI DN12 * 50 D1
kham Rd CONI DN12 ..... 52 A1
kham Sq CONI DN12 ..... 52 B1
kham Ter CONI DN12 * 52 A1
borough Av BTLY DN5 ..... 32 E4
borough Crs
WLS/ASK DN6 ..... 10 B2
borough Rd
WLS/ASK DN6 ..... 10 B1
HNE DN8 ..... 15 G3
WHHL DN2 ..... 3 K2
ow Cl WHHL DN2 ..... 34 D2
owe Rd ARMTH DN3 ..... 20 B4
ow Rd WHHL DN2 ..... 34 D2
quis Gdns ARMTH DN3 ..... 20 B4
Grange La BTLY DN5 ..... 24 C6
rion Rd RAW S62 ..... 48 B5
riott Rd
EX/SWTN S64 ..... 38 A5
sden Gv THNE DN8 ..... 14 E1
shall Av
ONS/BSCR DN4 ..... 42 A2
shall Gv DEARNE S63 ..... 37 F4
sh Ga BTLY DN5 ..... 2 B1
sh Hl MALT S66 ..... 56 A1
shland Rd THNE DN8 ..... 7 G6
sh La ARMTH DN3 ..... 19 J5
WLS/ASK DN6 ..... 19 J1
TLY DN5 ..... 26 D2
HNE DN8 ..... 6 E3
sh Rd AWLS/ASK DN6 ..... 11 J5
TLY DN5 ..... 33 G2
son Av AWLS/ASK DN6 ..... 16 D6
tin Beck La
ROS/TKH DN11 ..... 60 A2
tindale Wk
WLS/ASK DN6 ..... 17 G3
tin La BWTY DN10 ..... 60 D1
tin Wells Rd CONI DN12 ..... 52 B2
ton Gv HTFD DN7 ..... 21 K4
ton Rd BTLY DN5 ..... 17 K6
vell Rd BTLY DN5 ..... 32 C1
y Rd AWLS/ASK DN6 ..... 9 K2
efield Rd DEARNE S63 ..... 36 C2
WHHL DN2 ..... 27 J6
ham Ct
ONS/BSCR DN4 ..... 44 A1
ham Rd
ONS/BSCR DN4 ..... 44 A2
tall La BTLY DN5 ..... 26 E3
tersey Cl
ONS/BSCR DN4 ..... 44 A4
thews Av DEARNE S63 ..... 36 D3
thews Cl DEARNE S63 ..... 36 D4
lays Ct
ROS/TKH DN11 ..... 55 J3
Av DONS/BSCR DN4 ..... 42 A3
fair Cl
ROS/TKH DN11 ..... 59 K6
field AWLS/ASK DN6 ..... 10 A1
field Av HTFD DN7 ..... 13 K4
field Crs
ROS/TKH DN11 ..... 55 G3
field Rd BTLY DN5 ..... 33 F2
fields BTLY DN5 ..... 25 H4
flower Cl BWTY DN10 ..... 61 G2
flower Rd
ONS/BSCR DN4 ..... 41 G4
onnel Crs
ROS/TKH DN11 ..... 54 E2
aren Crs MALT S66 ..... 56 E6
burn Cl
ONS/BSCR DN4 ..... 44 B2
dow Cft ARMTH DN3 ..... 28 C3
TLY DN5 ..... 41 G1
IEX/SWTN S64 ..... 48 D3
dow Dr
IEX/SWTN S64 ..... 48 D1
ROS/TKH DN11 ..... 59 G3
dow Field Rd
RMTH DN3 ..... 20 C5
dow La MALT S66 ..... 56 E6
IEX/SWTN S64 ..... 38 C6
dow Ri ARMTH DN3 ..... 20 C4
ROS/TKH DN11 ..... 53 H5
dows Ct
ROS/TKH DN11 ..... 55 J3
dows Rd
EARNE S63 * 37 H3
Meadow BTLY DN5 ..... 32 B6

Meadow View Rd
MEX/SWTN S64 ..... 48 E3
Meadow Wk ARMTH DN3 ..... 28 C2
Meadow Wy
MEX/SWTN S64 ..... 38 B5
NROS/TKH DN11 ..... 59 K5
Measham Dr HTFD DN7 ..... 13 J4
The Mede AWLS/ASK DN6 ..... 16 D6
Medley Vw CONI DN12 ..... 51 G2
Melbourne Gv
NROS/TKH DN11 ..... 59 K6
Melbourne Rd
DONS/BSCR DN4 ..... 41 J3
Melford Dr
DONS/BSCR DN4 ..... 42 A5
Mellinder La BTLY DN5 ..... 31 F1
Melling Av BTLY DN5 ..... 32 E4
Melrose Cl
DONS/BSCR DN4 ..... 41 J2
Melton Av WMB/DAR S73 ..... 36 B1
Meltonfield Cl ARMTH DN3 ..... 35 K2
Melton Gdns BTLY DN5 ..... 32 A6
Melton Gn DEARNE S63 ..... 36 C3
Melton High St
DEARNE S63 ..... 36 C3
Melton Mill La BTLY DN5 ..... 39 H1
Melton Rd BTLY DN5 ..... 31 H6
Melton St MEX/SWTN S64 ..... 38 E5
WMB/DAR S73 ..... 36 B1
Melton Wood Gv BTLY DN5 ..... 32 A6
Melville Av
DONS/BSCR DN4 ..... 42 A2
Melwood Ct ARMTH DN3 ..... 35 K3
Mendip Cl BTLY DN5 * 32 D2
Menson Dr HTFD DN7 ..... 21 K3
Mercel Av ARMTH DN3 ..... 28 E5
Merchants Wy WHHL DN2 ..... 27 J4
Meredith Crs
DONS/BSCR DN4 ..... 42 B3
Mere Gv ARMTH DN3 ..... 28 C6
Mere La ARMTH DN3 ..... 28 C6
Merlin Cl AWLS/ASK DN6 ..... 17 F5
Michael Cft DEARNE S63 ..... 36 D3
Micklebring Gv CONI DN12 ..... 50 D3
Micklethwaite Gv
THNE DN8 ..... 7 G3
Micklethwaite Rd
THNE DN8 ..... 7 G3
Middle Av RAW S62 ..... 48 A5
Middle Bank
DONS/BSCR DN4 ..... 42 E1
Middlebrook La THNE DN8 ..... 15 F2
Middlefield Rd
DONS/BSCR DN4 ..... 43 K2
Middlegate BTLY DN5 ..... 25 H4
Middleham Rd
DONS/BSCR DN4 ..... 44 A2
Middle La BTLY DN5 ..... 10 C6
Midland Rd
MEX/SWTN S64 ..... 38 A6
Milbanke St DON DN1 ..... 3 F1
Milcroft Crs HTFD DN7 ..... 21 K3
Mile End Av HTFD DN7 ..... 21 J6
Milethorn La DON DN1 ..... 33 J2
Millard Av HTFD DN7 ..... 21 J3
Millard La MALT S66 ..... 56 E6
Millcroft Cl THNE DN8 ..... 14 E1
Miller Cl THNE DN8 ..... 15 G3
Miller La THNE DN8 ..... 15 G3
Mill Field Ct ARMTH DN3 ..... 20 C5
Millfield Rd BTLY DN5 ..... 26 C5
Mill Field Rd HTFD DN7 ..... 13 H1
Millfield Rd THNE DN8 ..... 15 F1
Mill Ga BTLY DN5 ..... 26 B5
Millhill ARMTH DN3 ..... 35 K3
Mill Hill Cl BTLY DN5 ..... 32 E4
Mill Hill Rd HTFD DN7 ..... 22 A6
Millicent Sq MALT S66 ..... 56 E6
Millindale MALT S66 ..... 56 E6
Mill La AWLS/ASK DN6 ..... 16 D1
BTLY DN5 ..... 41 F2
DEARNE S63 ..... 36 C4
DONS/BSCR DN4 ..... 41 G3
Millmoor Rd
DONS/BSCR DN4 ..... 44 A1
Millside Ct BTLY DN5 ..... 26 B5
Millstream Cl BTLY DN5 ..... 32 C6
Mill St ARMTH DN3 ..... 35 J1
Millwood Rd
DONS/BSCR DN4 ..... 41 K4
Milne Av NROS/TKH DN11 ..... 60 C6
Milne Dr NROS/TKH DN11 ..... 60 D6
Milne Gv NROS/TKH DN11 ..... 60 C6
Milner Ga CONI DN12 ..... 40 C6
Milner Gate Ct CONI DN12 ..... 51 G1
Milne Rd NROS/TKH DN11 ..... 60 D6
Milner Rd DONS/BSCR DN4 ..... 41 K2
Milton Av BTLY DN5 ..... 32 E3
Milton Cl WMB/DAR S73 ..... 36 B1
Milton Ct MEX/SWTN S64 ..... 37 J6
Milton Gv ARMTH DN3 ..... 35 J1
Milton Rd AWLS/ASK DN6 ..... 17 G2
MEX/SWTN S64 ..... 38 C4
Milton St MALT S66 ..... 56 D6
MEX/SWTN S64 ..... 37 J6
Milton Wk DON DN1 ..... 2 D5
Minden Ct BTLY DN5 ..... 26 B5
Minneymoor Hl CONI DN12 ..... 40 B6

Minneymoor La CONI DN12 ..... 51 G1
Minster Cl DONS/BSCR DN4 ..... 44 C2
Mission Fld WMB/DAR S73 ..... 36 A1
Misson Bank BWTY DN10 ..... 61 K5
Mitchell Cl HTFD DN7 ..... 21 J2
Moat Cft BTLY DN5 ..... 25 K4
Moat Hills Ct BTLY DN5 ..... 26 A4
Moat House Wy
CONI DN12 ..... 40 A6
Moffat Gdns WHHL DN2 ..... 27 K4
Moira Cl HTFD DN7 ..... 13 K4
Mona Rd DONS/BSCR DN4 ..... 42 B1
Monckton Rd
NROS/TKH DN11 ..... 60 C6
Monks Cl HTFD DN7 ..... 21 J2
Monmouth Rd WHHL DN2 ..... 34 B1
Montague Av CONI DN12 ..... 39 J6
Montague St DON DN1 ..... 3 F1
Montagu Rd BTLY DN5 ..... 32 D5
Montagu St
MEX/SWTN S64 ..... 38 D5
Montgomery Gdns
WHHL DN2 ..... 34 D2
Montgomery Rd
DEARNE S63 ..... 36 E3
Montrose Av WHHL DN2 ..... 34 C2
Moordale Vw RAW S62 ..... 48 D4
Moor Edges Rd THNE DN8 ..... 15 H2
Moorends Rd THNE DN8 ..... 7 G1
Moorfield Dr ARMTH DN3 ..... 35 J2
Moor Gap ARMTH DN3 ..... 45 F1
Moorland Ct DEARNE S63 ..... 36 C1
Moorland Gv
DONS/BSCR DN4 ..... 34 D6
Moorland Vw DEARNE S63 ..... 36 C1
Moorland View
DEARNE S63 ..... 36 C1
Moor La ARMTH DN3 ..... 20 A6
THNE DN8 ..... 7 H5
Moor Rd DEARNE S63 ..... 37 F2
THNE DN8 ..... 15 J4
Moorside Ct THNE DN8 ..... 7 G4
Moor Top Rd
NROS/TKH DN11 ..... 59 K5
Moor Vw ARMTH DN3 ..... 45 F1
Morgan Rd WHHL DN2 ..... 34 D3
Morley Pl CONI DN12 ..... 50 E2
Morley Rd DON DN1 ..... 33 K2
Morrell St MALT S66 ..... 56 E6
Morris Av RAW S62 ..... 48 A3
Morrison Av MALT S66 ..... 56 E4
Morrison Dr
NROS/TKH DN11 ..... 55 G3
Mortimer Rd MALT S66 ..... 57 G6
Morton Rd MEX/SWTN S64 ..... 38 D4
Mosham Cl EPW DN9 ..... 46 B4
Mosham Rd EPW DN9 ..... 45 K4
Mosscroft La HTFD DN7 ..... 22 C5
Mossdale Cl BTLY DN5 ..... 25 J6
Moss La AWLS/ASK DN6 ..... 11 J4
Moss Rd AWLS/ASK DN6 ..... 10 C1
HTFD DN7 ..... 12 B1
Moss Ter THNE DN8 * 7 G2
Mount Pleasant
DONS/BSCR DN4 ..... 42 A2
THNE DN8 ..... 7 G4
Mount Pleasant Rd
DEARNE S63 ..... 37 F5
THNE DN8 ..... 6 E5
Mount Royd
AWLS/ASK DN6 * 4 A4
Mount Ter DEARNE S63 ..... 36 C3
The Mount ARMTH DN3 ..... 28 C4
Mount Vw CONI DN12 * 52 A2
Mowbray Rd THNE DN8 ..... 15 G3
Muglet La MALT S66 ..... 57 F6
Muirfield Av
DONS/BSCR DN4 ..... 44 D3
MEX/SWTN S64 ..... 49 F1
Mulberry Av THNE DN8 ..... 7 G5
Mulberry Cl BTLY DN5 ..... 32 C2
Mulberry Ct
DONS/BSCR DN4 ..... 41 H2
Mulberry Wy ARMTH DN3 ..... 35 J3
NROS/TKH DN11 ..... 59 K6
Murray Rd RAW S62 ..... 48 B5
Mutual St DONS/BSCR DN4 ..... 2 A6
Myrtle Gv EPW DN9 ..... 45 J2
Myrtle Rd HTFD DN7 ..... 21 H3

N

Nab La HTFD DN7 ..... 13 H2
Nan Sampson Bank
EPW DN9 ..... 47 H1
Narrow La BTLY DN5 ..... 10 D4
BWTY DN10 ..... 61 H2
Naseby Av BTLY DN5 ..... 32 C1
Naseby Cl HTFD DN7 ..... 21 J6
Neale Rd WHHL DN2 ..... 27 H5
Nearfield Rd
DONS/BSCR DN4 ..... 43 K3
Nelson Rd CONI DN12 ..... 52 A1
MALT S66 ..... 57 F5
Nelson St DONS/BSCR DN4 ..... 3 F7

Nene Gv EPW DN9 ..... 45 J2
Nether Cantley La
ARMTH DN3 ..... 35 J5
Nether Hall Rd DON DN1 ..... 2 E3
Nettle Cft NROS/TKH DN11 ..... 59 G3
Nettlehome HTFD DN7 ..... 21 K3
Neville La HTFD DN7 ..... 12 C1
Newark Rd MEX/SWTN S64 ..... 38 A4
Newark St
NROS/TKH DN11 ..... 55 F2
Newbold Ter BTLY DN5 ..... 32 E1
Newbolt Rd
DONS/BSCR DN4 ..... 42 B3
Newbridge Gv CONI DN12 ..... 52 B1
Newbury Wy BTLY DN5 ..... 32 C1
Newby Crs
DONS/BSCR DN4 ..... 42 A4
New Close La
AWLS/ASK DN6 ..... 8 C2
Newcomen Rd BTLY DN5 ..... 33 F2
Newfield Crs DEARNE S63 ..... 36 D4
Newfields Av THNE DN8 ..... 7 G5
Newfields Cl THNE DN8 ..... 7 G5
Newfields Dr THNE DN8 ..... 7 G5
New Gn HTFD DN7 ..... 13 G5
Newhall Rd ARMTH DN3 ..... 28 C2
New Hl CONI DN12 ..... 51 F1
Newhill Rd DEARNE S63 ..... 36 D4
Newholme Dr THNE DN8 ..... 7 G4
New Ings ARMTH DN3 ..... 35 H1
New Ings La
AWLS/ASK DN6 ..... 19 K1
Newington Rd BWTY DN10 ..... 61 J2
New Inn La HTFD DN7 ..... 13 G4
Newland Av MALT S66 ..... 56 D4
Newlands Av
AWLS/ASK DN6 ..... 16 C1
Newlands Cl
DONS/BSCR DN4 ..... 44 B2
Newlands Dr BTLY DN5 ..... 32 E2
New La BTLY DN5 ..... 31 K6
NROS/TKH DN11 ..... 55 H2
Newmarche Dr
AWLS/ASK DN6 ..... 10 C1
Newmarket Rd
DONS/BSCR DN4 ..... 34 E5
New Mill Field Rd
HTFD DN7 ..... 22 B5
New Park Est HTFD DN7 ..... 13 J4
New Rd AWLS/ASK DN6 ..... 8 E1
DEARNE S63 ..... 37 F3
NROS/TKH DN11 ..... 53 H5
NROS/TKH DN11 ..... 58 E3
Newsam Rd
MEX/SWTN S64 ..... 48 E2
New Station Rd
MEX/SWTN S64 ..... 38 A6
Newstead Rd BTLY DN5 ..... 25 K4
New St AWLS/ASK DN6 ..... 17 H2
BTLY DN5 ..... 26 A5
DON DN1 ..... 2 D7
EPW DN9 ..... 46 C4
MEX/SWTN S64 ..... 39 F4
RAW S62 ..... 48 A6
Newthorpe Rd
AWLS/ASK DN6 ..... 4 B3
Newton Dr BTLY DN5 ..... 32 E4
Newton La BTLY DN5 ..... 32 E4
Newtree Dr
NROS/TKH DN11 ..... 53 G4
Nicholson Av DEARNE S63 ..... 36 D4
Nicholson Rd
DONS/BSCR DN4 ..... 33 F6
Ninescores La EPW DN9 ..... 47 H1
Ninian Gv DONS/BSCR DN4 ..... 44 A1
Noble Thorpe La BTLY DN5 ..... 10 E5
Noblethorpe Rd
MEX/SWTN S64 ..... 49 G4
Nookery Cl MALT S66 ..... 57 F4
Nooking Cl ARMTH DN3 ..... 35 K1
Norborough Rd WHHL DN2 ..... 34 A2
Norbreck Rd A
WLS/ASK DN6 ..... 10 C2
DONS/BSCR DN4 ..... 41 G4
Norfolk Av
NROS/TKH DN11 ..... 60 D6
Norfolk Dr
NROS/TKH DN11 ..... 60 C6
Norfolk Gv
NROS/TKH DN11 ..... 60 C6
Norfolk Pl MALT S66 ..... 56 E5
Norfolk Rd
DONS/BSCR DN4 ..... 42 B3
NROS/TKH DN11 ..... 60 C6
Norman Crs BTLY DN5 ..... 25 H6
NROS/TKH DN11 ..... 55 F2
Norman Dr HTFD DN7 ..... 21 K5
Norman Rd HTFD DN7 ..... 21 J5
Northampton Rd
WHHL DN2 ..... 34 D2
North Av BWTY DN10 ..... 61 G2
North Bridge Rd BTLY DN5 ..... 2 C2
North Cliff Rd CONI DN12 ..... 39 K6
North Common Rd
THNE DN8 ..... 6 D3
North Eastern Rd
THNE DN8 ..... 14 E1
Northfield Av RAW S62 ..... 48 A4

North Field La ARMTH DN3 ..... 20 A2
Northfield Rd BTLY DN5 ..... 2 A2
North Ga MEX/SWTN S64 ..... 38 E4
NROS/TKH DN11 ..... 58 E2
Northgate THNE DN8 ..... 7 H3
North Ings Rd HTFD DN7 ..... 22 B3
North Park La
AWLS/ASK DN6 ..... 17 G1
North Rd AWLS/ASK DN6 ..... 19 J3
Northside Rd DEARNE S63 ..... 37 F3
North St CONI DN12 ..... 52 B1
DONS/BSCR DN4 ..... 3 F7
MEX/SWTN S64 ..... 38 A6
RAW S62 ..... 48 C4
North Swaithe Cl
BTLY DN5 ..... 26 A3
Northumberland Av
WHHL DN2 ..... 34 C2
Norton Common La
AWLS/ASK DN6 ..... 4 E4
Norton Common Rd
AWLS/ASK DN6 ..... 4 E4
Norton Mill La
AWLS/ASK DN6 ..... 4 B3
Norton Rd DEARNE S63 ..... 36 D2
WHHL DN2 ..... 34 C2
Norwich Rd WHHL DN2 ..... 27 G6
Norwith Rd
DONS/BSCR DN4 ..... 43 K3
Norwood Av EPW DN9 ..... 45 J2
MALT S66 ..... 56 D4
Norwood Cl MALT S66 ..... 56 D4
Norwood Dr BTLY DN5 ..... 26 A2
Norwood Rd CONI DN12 ..... 50 E1
HTFD DN7 ..... 21 H2
Nostell Pl DONS/BSCR DN4 ..... 43 K3
Nottingham Cl BTLY DN5 ..... 32 C1
Novello St MALT S66 ..... 57 G6
Nunnington Wy
ARMTH DN3 ..... 28 A1
Nunthorpe Cl HTFD DN7 ..... 21 K4
Nursery La BTLY DN5 ..... 40 E2
Nutfields Gv HTFD DN7 ..... 13 H5
Nutwell Cl DONS/BSCR DN4 ..... 44 A3
Nutwell La ARMTH DN3 ..... 35 J1

O

Oak Av DEARNE S63 ..... 37 G4
Oakbank Cl
MEX/SWTN S64 ..... 48 E3
Oak Cl MEX/SWTN S64 ..... 38 A4
Oak Ct BTLY DN5 ..... 32 C6
DONS/BSCR DN4 ..... 42 C4
MEX/SWTN S64 ..... 38 A4
Oak Crs THNE DN8 ..... 7 F6
Oakcrest DONS/BSCR DN4 ..... 44 D5
Oakdale Cl ARMTH DN3 ..... 28 B4
Oak Dale Rd
DONS/BSCR DN4 ..... 41 G5
Oakdene NROS/TKH DN11 ..... 55 G3
Oak Dr ARMTH DN3 ..... 28 C5
Oak Gv CONI DN12 ..... 50 E2
Oakhill Rd WHHL DN2 ..... 34 C1
Oakland Av HTFD DN7 ..... 21 J4
Oaklands DONS/BSCR DN4 ..... 44 E4
Oaklands Dr
DONS/BSCR DN4 ..... 43 K1
Oaklands Gdns
DONS/BSCR DN4 ..... 43 K2
Oaklands Pl DEARNE S63 ..... 36 E4
Oak Lea Av DEARNE S63 ..... 36 C2
Oakmoor Rd THNE DN8 ..... 7 H3
Oak Rd ARMTH DN3 ..... 28 C5
DEARNE S63 ..... 37 G4
MALT S66 ..... 56 B5
MEX/SWTN S64 ..... 38 A4
THNE DN8 ..... 7 F6
Oaks Cl DEARNE S63 ..... 37 G5
Oak Ter DON DN1 ..... 33 H6
Oak Tree Rd BWTY DN10 ..... 61 F3
Oakwell Cl MALT S66 ..... 56 E4
Oakwell Dr AWLS/ASK DN6 ..... 10 C1
Oakwood Dr ARMTH DN3 ..... 35 H2
Oakwood Rd
DONS/BSCR DN4 ..... 41 K2
Oates Av RAW S62 ..... 48 B6
Odeon Ar DON DN1 * 2 E4
Ogden Rd WHHL DN2 ..... 27 K5
Old Carpenter's Yd
HTFD DN7 ..... 13 F4
Old Cross La DEARNE S63 ..... 37 F3
Old Doncaster Rd
DEARNE S63 ..... 37 H3
Old Epworth Road (East)
HTFD DN7 ..... 22 C4
Old Epworth Road (West)
HTFD DN7 ..... 22 B4
Old Farm Ct
MEX/SWTN S64 ..... 38 A3
Oldfield Av CONI DN12 ..... 50 C1
Oldfield Cl ARMTH DN3 ..... 20 D4
HTFD DN7 ..... 13 F6
Oldfield Crs HTFD DN7 ..... 13 G6
Old Field La HTFD DN7 ..... 20 D1

70 Old - Roc

Oldfield La HTFD DN7 13 G6
Oldfield Rd THNE DN8 15 G3
Old Guildhall Yd DON DN1 * 2 D3
Old Hall Cl BTLY DN5 41 G1
Old Hall Pl BTLY DN5 26 B5
Old Hall Rd
AWLS/ASK DN6 * 16 E2
BTLY DN5 26 B5
Old Hexthorpe
DONS/BSCR DN4 32 E6
Old Mill Rd CONI DN12 51 G1
Old Nursery Yd THNE DN8 15 G3
Old Rd CONI DN12 50 C3
Old School Cl ARMTH DN3 35 J1
Old School La
NROS/TKH DN11 53 G4
Old School Wy WHHL DN2 33 K2
Old Scotch Spring La
MALT S66 57 J2
Old Thorne Rd HTFD DN7 22 B3
Old Village St
AWLS/ASK DN6 8 E5
Old Warren V RAW S62 48 B4
Oliver Rd DONS/BSCR DN4 42 A2
Oliver St MEX/SWTN S64 38 B4
Omega Bvd THNE DN8 14 D1
Orange Cft
NROS/TKH DN11 59 F3
Orchard Cl ARMTH DN3 28 A1
AWLS/ASK DN6 4 C4
HTFD DN7 21 H6
MEX/SWTN S64 38 C4
Orchard Cft BWTY DN10 61 G3
Orchard Dr AWLS/ASK DN6 4 C4
HTFD DN7 21 H6
Orchard Gv HTFD DN7 21 J2
MALT S66 56 B4
Orchard La THNE DN8 7 H4
Orchard Ms BTLY DN5 32 E2
Orchard Pl DEARNE S63 36 D3
Orchard St
DONS/BSCR DN4 33 G6
THNE DN8 15 F2
The Orchard AWLS/ASK DN6 9 G1
Orchard Wk EPW DN9 45 J2
Ormesby Crs BTLY DN5 32 D2
Ormsby Cl
DONS/BSCR DN4 42 A5
Osberton St
NROS/TKH DN11 53 H4
RAW S62 48 C5
Osborne Av AWLS/ASK DN6 16 D6
Osborne Rd WHHL DN2 3 J1
Osprey Cl AWLS/ASK DN6 17 F5
Oswin Av DONS/BSCR DN4 41 K1
Otley Cl CONI DN12 51 G1
Oulton Ri MEX/SWTN S64 39 F3
The Oval AWLS/ASK DN6 16 D5
CONI DN12 40 A6
DONS/BSCR DN4 34 D6
HTFD DN7 21 H2
NROS/TKH DN11 59 F2
Oversley Rd WHHL DN2 34 A1
Owston La AWLS/ASK DN6 17 H1
Owston Rd AWLS/ASK DN6 17 G3
Ox Carr ARMTH DN3 35 H1
Oxford Dr NROS/TKH DN11 59 K5
Oxford Pl DON DN1 2 D6
Oxford St MEX/SWTN S64 38 A4
NROS/TKH DN11 55 F2
Oxton Dr DONS/BSCR DN4 41 H3

P

Packington Rd
DONS/BSCR DN4 44 C2
Packman Rd DEARNE S63 36 B4
Packman Wy DEARNE S63 36 B3
Packwood Cl MALT S66 56 E4
Paddock Cl BTLY DN5 32 D2
Paddock Cft
MEX/SWTN S64 37 H6
The Paddocks BTLY DN5 32 C2
BTLY DN5 40 B3
EPW DN9 45 J3
The Paddock ARMTH DN3 20 A3
AWLS/ASK DN6 17 G5
NROS/TKH DN11 59 F3
Palington Gv
DONS/BSCR DN4 35 F6
Palm Av ARMTH DN3 28 E6
Palmer La HTFD DN7 12 B3
Palmerston Av MALT S66 56 C4
Palmer St DONS/BSCR DN4 3 G7
Palm Gv CONI DN12 50 D3
Pamela Dr
DONS/BSCR DN4 41 G3
Paper Mill La
NROS/TKH DN11 59 G2
Park Av ARMTH DN3 28 B6
AWLS/ASK DN6 17 G3
BTLY DN5 32 B6
CONI DN12 51 F2
MEX/SWTN S64 38 C4
Park Cl ARMTH DN3 35 J1
BTLY DN5 32 B6
MEX/SWTN S64 37 J6
Park Crs DONS/BSCR DN4 41 G4
THNE DN8 15 F3
Park Dr AWLS/ASK DN6 4 C6
BTLY DN5 32 B6
Parkgate Av CONI DN12 50 D1
Park Gv RAW S62 48 A4
Park Hl ARMTH DN3 * 20 C6
Parkhill Crs ARMTH DN3 20 C4
Parkhill Rd ARMTH DN3 20 C4
Parkinson St DON DN1 33 J2
Parkland Dr
NROS/TKH DN11 55 J2
Parklands ARMTH DN3 28 B4
Parklands Cl
NROS/TKH DN11 55 H2
Parkland Wk EPW DN9 46 D3
Park La CONI DN12 50 D6
DONS/BSCR DN4 34 D5
EPW DN9 46 C3
Park Lane Cl HTFD DN7 29 H1
Park Lane Rd HTFD DN7 29 G1
Park Rd AWLS/ASK DN6 9 K2
BTLY DN5 26 A4
BWTY DN10 61 F3
CONI DN12 50 E2
DEARNE S63 36 E4
DON DN1 3 F3
MEX/SWTN S64 48 D1
THNE DN8 7 H4
Parks Rd HTFD DN7 21 H3
Parkstone Gv HTFD DN7 21 K4
Parkstone Wy WHHL DN2 27 J6
Park St RAW S62 48 A5
Park Ter DON DN1 3 F3
Park Vw AWLS/ASK DN6 17 G6
HTFD DN7 * 13 G6
MALT S66 57 F5
THNE DN8 15 F3
Park Wy AWLS/ASK DN6 17 F5
Parkway ARMTH DN3 35 J2
Parkway North WHHL DN2 34 A1
Parkways HTFD DN7 21 K4
Parkway South WHHL DN2 34 B1
Parkwood Ri ARMTH DN3 20 C6
Partridge Flatt Rd
DONS/BSCR DN4 44 B3
Partridge Ri
DONS/BSCR DN4 44 B3
Partridge Rd ARMTH DN3 20 B4
Pashley Rd THNE DN8 15 G3
Passfield Rd
NROS/TKH DN11 55 H3
Pasture Cl ARMTH DN3 35 H2
Pasture Gdns
AWLS/ASK DN6 4 D4
Pastures Br
MEX/SWTN S64 * 38 E4
Pastures Ct
MEX/SWTN S64 39 F4
NROS/TKH DN11 55 J3
Pastures La BTLY DN5 39 J2
Pastures Rd
MEX/SWTN S64 39 G4
The Pastures BWTY DN10 61 G4
MEX/SWTN S64 39 F4
Patrick Stirling Ct
DONS/BSCR DN4 33 F6
Patte Roale Cl
AWLS/ASK DN6 17 G2
Pavillion Cl CONI DN12 41 G6
Paxton Av AWLS/ASK DN6 17 H2
Paxton Crs ARMTH DN3 28 B6
Peake Av CONI DN12 50 D1
Peakes Cft BWTY DN10 61 G3
Peakstone Cl
DONS/BSCR DN4 41 K2
Peakstone Ms RAW S62 48 A6
Pearmain Dr MALT S66 56 B3
Peartree Cl HTFD DN7 12 B4
Pear Tree La HTFD DN7 12 C2
Peartree Ms
NROS/TKH DN11 53 H1
Pearwood Crs
DONS/BSCR DN4 41 K4
Peashill St RAW S62 48 A6
Peastack La
NROS/TKH DN11 58 D1
Peat Carr Bank EPW DN9 47 J3
Peel Castle Rd THNE DN8 15 G3
Peel Cl MALT S66 56 C4
Peel Hill Rd THNE DN8 15 G3
Pell's Cl DON DN1 * 2 D4
Pemberton Gv BWTY DN10 61 G3
Pembroke Av
DONS/BSCR DN4 42 A3
Pembroke Ri BTLY DN5 32 C1
Penistone St DON DN1 3 F2
Pennine Gdns MALT S66 56 B4
Pennine Rd THNE DN8 14 E3
Perran Gv BTLY DN5 32 E2
Persimmon Cl
NROS/TKH DN11 55 G4
Perth Cl MEX/SWTN S64 38 E3
Petal Cl MALT S66 57 F4
Petersgate BTLY DN5 25 K5
Peter's Rd CONI DN12 52 A2
Pheasant Bank
NROS/TKH DN11 55 H2
Piccadilly BTLY DN5 26 A5
Piccadilly Rd
MEX/SWTN S64 48 D2
Pickburn La BTLY DN5 24 A2
Pickering Gv THNE DN8 15 F3
Pickering Rd BTLY DN5 26 A2
Pickle Wood Ct EPW DN9 46 C5
Pilgrim Ri BWTY DN10 61 H1
Pinefield Av ARMTH DN3 20 C5
Pinefield Rd ARMTH DN3 20 C5
Pine Gv CONI DN12 50 D3
Pine Hall Rd ARMTH DN3 20 C5
Pinehurst Ri
MEX/SWTN S64 48 E1
Pine Rd DONS/BSCR DN4 44 B1
Pine Wk MEX/SWTN S64 48 E3
Pinewood Av ARMTH DN3 28 D5
DONS/BSCR DN4 41 J4
Pinfold Cl EPW DN9 46 C6
MEX/SWTN S64 48 D1
NROS/TKH DN11 58 D3
Pinfold Ct ARMTH DN3 20 B5
Pinfold Lands
MEX/SWTN S64 38 D5
Pinfold La AWLS/ASK DN6 4 C4
AWLS/ASK DN6 11 H1
HTFD DN7 13 J1
NROS/TKH DN11 58 D4
THNE DN8 14 E1
Pinfold Pl NROS/TKH DN11 58 D3
The Pinfold BTLY DN5 30 A3
Pioneer Cl DEARNE S63 37 J3
Pipe House La RAW S62 48 A4
Pipering Lane (East)
BTLY DN5 25 K6
Pipering Lane (West)
BTLY DN5 25 J6
Pippin Ct MALT S66 56 B4
Pitman Rd CONI DN12 39 G6
Pittam Cl ARMTH DN3 35 J1
Pitt St MEX/SWTN S64 38 E4
Plane Cl DONS/BSCR DN4 44 B1
Plane Tree Wy EPW DN9 45 H6
Planet Rd AWLS/ASK DN6 17 G4
Plantation Av
DONS/BSCR DN4 44 D5
Plantation Cl
AWLS/ASK DN6 10 C2
MALT S66 56 D4
Plantation Rd BTLY DN5 19 G4
DONS/BSCR DN4 42 C5
THNE DN8 15 F2
Plover Ct NROS/TKH DN11 55 H2
Plumpton Av
MEX/SWTN S64 38 E3
Plumpton Gdns
DONS/BSCR DN4 44 C3
Plumpton Park Rd
DONS/BSCR DN4 44 C4
Plumtree Hill Rd HTFD DN7 13 G3
Plumtree Rd
NROS/TKH DN11 60 C4
Plunket Rd WHHL DN2 3 K1
Poffinder Wood Rd
THNE DN8 14 B4
Polton Cl HTFD DN7 13 J4
Polton Toft HTFD DN7 13 J4
Pontefract Rd DEARNE S63 36 B2
Pool Av AWLS/ASK DN6 10 A1
Pool Dr DONS/BSCR DN4 44 D3
Pope Av CONI DN12 50 C1
Poplar Cl MEX/SWTN S64 38 B3
Poplar Dr DEARNE S63 37 F5
Poplar Gv AWLS/ASK DN6 10 A1
CONI DN12 50 E2
DONS/BSCR DN4 41 G5
MEX/SWTN S64 * 37 K6
Poplar Pl ARMTH DN3 35 J1
Poplar Ri MALT S66 56 B4
Poplar Rd AWLS/ASK DN6 17 F2
HTFD DN7 21 H3
The Poplars CONI DN12 50 E2
THNE DN8 7 G6
Poplar Ter BTLY DN5 26 B5
Poppyfields Wy
ARMTH DN3 44 E2
Portland Pl DON DN1 2 D5
MALT S66 56 E5
Portland Rd
NROS/TKH DN11 55 G4
Portland St
MEX/SWTN S64 37 K6
Post Office Rw MALT S66 * 51 G6
Potterdyke Av RAW S62 48 A3
Potteric Carr Rd
DONS/BSCR DN4 33 K6
Pottery Cl RAW S62 48 A6
Pottery La RAW S62 48 B6
Power Station Rd
BTLY DN5 2 A1
Prescott Gv HTFD DN7 21 J3
Priestley Av RAW S62 48 C4
Priestley Cl
DONS/BSCR DN4 41 K4
Primrose Cir
NROS/TKH DN11 55 H3
Primrose Pl
DONS/BSCR DN4 43 H1
Princegate DON DN1 2 E4
Princess Av HTFD DN7 13 G6
Princess Rd
MEX/SWTN S64 38 D4
Princess St AWLS/ASK DN6 25 F1
DEARNE S63 36 D2
Prince St MEX/SWTN S64 37 K5
Prince's Crs CONI DN12 41 F6
Prince's Rd
DONS/BSCR DN4 34 C6
Prince's Sq ARMTH DN3 28 B1
Prince's St DON DN1 3 F4
Printing Office St DON DN1 2 D4
Prior Rd CONI DN12 50 E2
Priory Cl CONI DN12 40 A6
MEX/SWTN S64 * 38 E5
Priory Pl DON DN1 2 D4
Priory Rd or Hall La
AWLS/ASK DN6 4 B3
Priory Wk DON DN1 2 E4
Prospect Pl DON DN1 2 D6
Prospect Rd BTLY DN5 26 A1
Prospect Vw
AWLS/ASK DN6 * 4 B4
Pudding & Dip La
HTFD DN7 21 K3
Purcell Cl MALT S66 57 G6
Pym Rd MEX/SWTN S64 38 C4

Q

Quaker Cl DEARNE S63 36 D4
Quaker La DONS/BSCR DN4 41 H3
Quantock Cl THNE DN8 14 E4
Quarry Bank DEARNE S63 36 B3
Quarryfield La MALT S66 56 D3
Quarry Hill Ct DEARNE S63 36 E5
Quarry Hill Rd DEARNE S63 36 E5
Quarry La ARMTH DN3 45 F1
AWLS/ASK DN6 24 E1
Quarry Rd AWLS/ASK DN6 4 E4
Quarry St MEX/SWTN S64 38 D5
RAW S62 48 A5
Quay Rd THNE DN8 6 D6
Quayside THNE DN8 6 C6
Queen Av MALT S66 56 E6
NROS/TKH DN11 55 F2
Queen Mary Crs
ARMTH DN3 28 B1
Queen Mary's Rd
NROS/TKH DN11 55 F2
Queens Acre
MEX/SWTN S64 * 37 K6
Queensberry Rd
WHHL DN2 34 D3
Queensgate DON DN1 2 E5
Queens Pk CONI DN12 41 F6
Queen St DONS/BSCR DN4 42 B1
MEX/SWTN S64 37 K6
RAW S62 48 B4
THNE DN8 14 E2
Queen's Av MEX/SWTN S64 37 K5
Queen's Ct BTLY DN5 33 F1
THNE DN8 14 E2
Queen's Crs BWTY DN10 61 G3
CONI DN12 41 F6
HTFD DN7 13 G6
Queen's Dr BTLY DN5 33 F1
Queen's Rd AWLS/ASK DN6 10 B1
AWLS/ASK DN6 17 G3
DON DN1 3 G1
Queen's Ter
MEX/SWTN S64 38 C4
Quilter Rd MALT S66 57 G6

R

Raby Rd WHHL DN2 34 A2
Racecourse Rd
MEX/SWTN S64 37 G6
Radburn Rd
NROS/TKH DN11 55 F4
Radcliffe Cl BTLY DN5 25 J4
Radcliffe La BTLY DN5 25 J4
Radcliffe Rd BTLY DN5 26 A3
Radnor Wy WHHL DN2 34 D2
Ragusa Dr NROS/TKH DN11 55 G4
Railway Ct
DONS/BSCR DN4 33 J6
Rainborough Ms
DEARNE S63 36 B2
Rainborough Rd
DEARNE S63 36 B3
Rainford Sq ARMTH DN3 20 B6
Rainton Rd DON DN1 3 G6
Raintree Ct BTLY DN5 32 E2
Rake Bridge Bank
HTFD DN7 29 K3
Rake's La NROS/TKH DN11 53 J1
Raleigh Ct WHHL DN2 34 C4
Raleigh Ter
DONS/BSCR DN4 4
Ramsay Crs BTLY DN5 3
Ramsden Rd
DONS/BSCR DN4 3
Ramsker Dr ARMTH DN3 3
Ramskir La HTFD DN7 1
Ramsworth Cl BTLY DN5 3
Randerson Dr
MEX/SWTN S64 4
Rands La ARMTH DN3 2
Ranyard Rd
DONS/BSCR DN4 4
Rasen Cl MEX/SWTN S64 3
Ratten Rw
NROS/TKH DN11 5
Ravenfield La
RHAM/THRY S65 4
Ravenfield Rd ARMTH DN3 3
Ravenfield St CONI DN12 3
Raven Mdw
MEX/SWTN S64 4
Ravenscar Cl CONI DN12 3
Ravens Wk CONI DN12 5
Ravenswood Dr EPW DN9 4
Ravensworth Rd DON DN1
Raw La MALT S66 5
Rawson Cl
DONS/BSCR DN4 3
Rawson Rd
NROS/TKH DN11 5
Raymond Rd BTLY DN5 3
Rayton Ct NROS/TKH DN11 6
Reader Crs MEX/SWTN S64 3
Recreation La
NROS/TKH DN11 5
Recreation Rd
AWLS/ASK DN6 2
DEARNE S63 3
Rectory Gdns CONI DN12 5
DON DN1
Rectory La EPW DN9 4
Rectory Ms BTLY DN5 4
Redbourne Rd BTLY DN5 2
Redcar Cl CONI DN12 5
Redhall Cl ARMTH DN3 2
Redhill Ct NROS/TKH DN11 5
Red House La
AWLS/ASK DN6 1
Redland Crs THNE DN8
Redland Wy MALT S66 5
Redwood Dr MALT S66 5
Reeves Wy ARMTH DN3 3
Regent Av ARMTH DN3 3
Regent Gv BTLY DN5 3
Regent Sq DON DN1
Regent St DONS/BSCR DN4 4
Regent Ter DON DN1
Remple Av HTFD DN7 2
Remple La HTFD DN7 2
Repton Rd AWLS/ASK DN6 1
Retford Wk
NROS/TKH DN11 5
Revill Cl MALT S66 5
Rex Cnr DON DN1 *
Richard La
NROS/TKH DN11 5
Richards Wy RAW S62 4
Rich Farm Cl BTLY DN5 2
Richmond Dr
AWLS/ASK DN6 1
Richmond Hill Rd
BTLY DN5 3
Richmond La BWTY DN10 6
Richmond Rd BTLY DN5 2
THNE DN8
Ridge Balk La
AWLS/ASK DN6 1
Ridge Rd AWLS/ASK DN6 2
Ridgewood Av
ARMTH DN3 2
Ridgill Av AWLS/ASK DN6 1
Riding Cl DONS/BSCR DN4 4
Rig Dr MEX/SWTN S64 3
Riley Av DONS/BSCR DN4 4
Riley Rd DEARNE S63 3
Ripon Av WHHL DN2 3
Rippon Ct RAW S62 4
The Rise MEX/SWTN S64 4
Riverdale Rd BTLY DN5 2
Riverhead BTLY DN5 3
River La HTFD DN7 * 1
Riverside Cl CONI DN12 4
DONS/BSCR DN4 3
Riverside Dr BTLY DN5 3
Riverside Gdns EPW DN9 4
River Wy EPW DN9 4
Riviera Mt BTLY DN5 3
Riviera Pde BTLY DN5 3
Rix Rd MEX/SWTN S64 4
Roberts Av CONI DN12 5
Roberts Rd CONI DN12 5
DONS/BSCR DN4
Robin Hood Crs
ARMTH DN3 2
Robin Hood Rd
ARMTH DN3 2
Rochester Rw BTLY DN5 3

cliffe Cl
ROS/TKH DN11 53 G4
cliffe Dr
ROS/TKH DN11 53 G4
ingham Rd
EX/SWTN S64 37 H6
W S62 48 B5
lea Cl MEX/SWTN S64 48 D1
ley La AWLS/ASK DN6 9 K6
ley Nook WHHL DN2 27 H6
liffe Av
NS/BSCR DN4 41 J3
Croft Cl BTLY DN5 32 A5
hampton Ri BTLY DN5 32 C2
ston Av MALT S66 56 C5
ston Rd
VLS/ASK DN6 17 F3
ng Dales Cl MALT S66 56 C3
an Rdg AWLS/ASK DN6 24 D1
an Rd WHHL DN2 3 H5
wood Av
EX/SWTN S64 37 G6
ld Rd
NS/BSCR DN4 42 A1
kery Rd
EX/SWTN S64 48 C1
e Wk THNE DN8 14 E2
Av DONS/BSCR DN4 42 B1
eberry Av HTFD DN7 21 K4
e Ct DONS/BSCR DN4 42 A1
e Crs BTLY DN5 25 J6
W S62 48 C5
edale Av RAW S62 48 A5
edale Rd BTLY DN5 25 H6
egarth Cl BTLY DN5 25 J6
e Gv ARMTH DN3 35 H1
e Hl DONS/BSCR DN4 34 D6
ehill Av RAW S62 48 B4
e Hill Ct
ONS/BSCR DN4 34 D5
e Hill Ri
ONS/BSCR DN4 34 D5
ehill Rd RAW S62 48 A5
e La AWLS/ASK DN6 9 K3
emary Gv BTLY DN5 40 B4
ewood Dr
RMTH DN3 20 A4
sington Br
ONS/BSCR DN4 44 D5
sington St CONI DN12 39 H5
slyn Crs BTLY DN5 26 B3
smoor Cl EPW DN9 45 J2
ston Rd MALT S66 57 F5
syde AWLS/ASK DN6 * 4 C4
herham Rd
EARNE S63 36 B3
ALT S66 56 A5
ROS/TKH DN11 58 C4
her St WMB/DAR S73 36 A1
herwood Cl BTLY DN5 32 C1
hesay Cl BTLY DN5 32 E2
ndhill Ct
ONS/BSCR DN4 43 H1
ndwood Gv RAW S62 48 B6
van Cl EPW DN9 45 J5
HNE DN8 7 G5
van Ct WHHL DN2 34 D1
van Garth BTLY DN5 33 F1
van Mt WHHL DN2 34 C1
van Ri MALT S66 56 B5
vena Av ARMTH DN3 28 B4
vena Dr BTLY DN5 32 B1
vena Rd CONI DN12 * 50 E1
vland Pl DON DN1 2 D5
vms La MEX/SWTN S64 38 B6
by Cl DONS/BSCR DN4 43 K4
al Av DON DN1 3 G2
ston Av BTLY DN5 26 A6
dle Mill La MALT S66 57 G1
ford Rd
ONS/BSCR DN4 3 K7
us La NROS/TKH DN11 54 E2
nnymede Rd
VHHL DN2 34 C4
al Crs ARMTH DN3 45 F1
hley Cl EPW DN9 45 J3
hy Moor Av
WLS/ASK DN6 10 B1
hy Moor La
WLS/ASK DN6 10 B1
hy Moor Rd BTLY DN5 10 C3
kin Av MEX/SWTN S64 38 D3
kin Cl DEARNE S63 36 C2
kin Dr ARMTH DN3 35 K1
kin Rd
ONS/BSCR DN4 42 A3
ssell Av
ROS/TKH DN11 59 K6
ssell Pl MALT S66 56 E4
ssell Rd MEX/SWTN S64 49 F4
sset Gv BWTY DN10 61 G3
ssett Cl MALT S66 56 B4
thven Dr
ONS/BSCR DN4 41 H2
tland Crs
ROS/TKH DN11 59 K5
tland Dr
ROS/TKH DN11 59 K5
Rutland La
NROS/TKH DN11 54 E2
Rutland St DON DN1 3 G2
Rydal Ct DONS/BSCR DN4 42 A5
Rydall Pl BTLY DN5 25 K5
Rydal Rd AWLS/ASK DN6 17 G2
Rydal Wy MEX/SWTN S64 38 E3
Rye Cft CONI DN12 51 H1
Rye Croft Cl
NROS/TKH DN11 58 E2
Ryecroft Av
AWLS/ASK DN6 4 B4
Ryecroft Rd
AWLS/ASK DN6 4 B4
RAW S62 48 D5
Ryton Cl MALT S66 56 E5
Ryton Wy
DONS/BSCR DN4 44 C3

S

Saffron Cl NROS/TKH DN11 58 D3
Saffron Crs
NROS/TKH DN11 58 D3
Saffron Rd
NROS/TKH DN11 58 D3
St Agnes' Rd
DONS/BSCR DN4 34 B5
St Andrews Cl
DONS/BSCR DN4 44 D3
St Andrew's Cl
MEX/SWTN S64 48 E2
St Andrews Rd HTFD DN7 21 K4
St Andrew's Rd CONI DN12 50 E2
St Andrew's Ter
DONS/BSCR DN4 3 G7
St Andrew's Wy
ARMTH DN3 20 B5
St Anne's Rd
DONS/BSCR DN4 34 B5
St Augustine's Rd
DONS/BSCR DN4 34 D6
St Barbara's Cl MALT S66 56 C6
St Bartholomew's Cl
MALT S66 * 56 C6
St Bartholomews Ri
DONS/BSCR DN4 34 E6
St Catherine's Av
DONS/BSCR DN4 42 B1
St Catherine's Dr
HTFD DN7 29 G1
St Cecilia's Rd
DONS/BSCR DN4 34 B6
St Chad's Wy BTLY DN5 41 G1
St Christopher's Crs
BTLY DN5 32 D1
St Clement's Cl BTLY DN5 * 32 C1
St David's Dr BTLY DN5 32 C1
St David's Rd CONI DN12 50 E1
St Dominic's Cl BTLY DN5 41 F1
St Edwin Reach HTFD DN7 21 H2
St Edwins Cl HTFD DN7 21 J3
St Edwins Dr HTFD DN7 21 J4
St Eric's Rd
DONS/BSCR DN4 43 K1
St George Ga DON DN1 2 D3
St George's Av HTFD DN7 29 H1
MEX/SWTN S64 37 H6
St Georges Br BTLY DN5 33 G2
St Georges Cl THNE DN8 * 15 H4
St Georges Rd THNE DN8 15 H4
St Giles Ga BTLY DN5 32 C2
St Helen's La BTLY DN5 30 B5
St Helen's Rd
DONS/BSCR DN4 34 B5
St Helen's Sq ARMTH DN3 28 B1
St Hilda's Rd
DONS/BSCR DN4 34 B5
St James Av HTFD DN7 21 G6
St James Cl ARMTH DN3 28 B1
DEARNE S63 37 G3
St James St DON DN1 2 C6
St James' Gdns
DONS/BSCR DN4 33 G6
St James's Br
DONS/BSCR DN4 2 C6
St Johns Cft
NROS/TKH DN11 53 G5
St John's Rd CONI DN12 52 A1
DONS/BSCR DN4 42 A1
MEX/SWTN S64 37 J6
St Lawrence Ct
AWLS/ASK DN6 16 E5
St Lawrence Rd HTFD DN7 21 H4
St Leonards
NROS/TKH DN11 58 E3
St Leonard's Lea BTLY DN5 32 D1
St Luke's Cl HTFD DN7 29 G1
St Margaret's Dr
MEX/SWTN S64 37 H6
St Margaret's Rd
DONS/BSCR DN4 34 B5
St Martins Av BWTY DN10 61 F3
BTLY DN5 32 E2
St Mary's Crs DON DN1 3 G1
MEX/SWTN S64 37 J6
NROS/TKH DN11 58 D3
St Mary's Dr ARMTH DN3 35 K1
HTFD DN7 29 G1
St Mary's Ga
NROS/TKH DN11 58 E3
St Mary's Rd CONI DN12 52 B2
DON DN1 33 K2
HTFD DN7 21 G6
NROS/TKH DN11 58 E3
RAW S62 48 B6
St Mary's Wk BTLY DN5 41 F1
St Michaels Av
NROS/TKH DN11 55 H1
MEX/SWTN S64 37 K5
St Michael's Cl THNE DN8 15 H3
St Michael's Dr THNE DN8 15 H3
St Michael's Rd
DONS/BSCR DN4 34 C6
St Nicholas Cl ARMTH DN3 28 A3
St Nicholas Rd THNE DN8 15 F1
St Nicholas Wy
BWTY DN10 61 G3
St Nicolas Rd RAW S62 48 B5
St Oswald's Cl EPW DN9 46 B6
St Oswald's Dr ARMTH DN3 28 A3
EPW DN9 46 B6
St Patrick's Rd WHHL DN2 34 B3
St Patrick's Wy BTLY DN5 32 D1
St Paul's Pde BTLY DN5 32 C2
St Peter's Cl ARMTH DN3 20 A3
St Peters Hts CONI DN12 51 K3
St Peter's Rd CONI DN12 50 E2
DONS/BSCR DN4 41 J2
St Phillip's Cl MALT S66 * 56 C6
St Sepulchre Ga DON DN1 2 D4
St Sepulchre Ga West
DONS/BSCR DN4 2 C6
St Stephens Wk BTLY DN5 32 D2
St Thomas's Cl
DONS/BSCR DN4 41 J3
St Ursula's Rd
DONS/BSCR DN4 34 B5
St Vincent Av
AWLS/ASK DN6 16 D5
DON DN1 3 G2
St Vincent Rd DON DN1 3 G2
St Vincent's Av
ARMTH DN3 44 E2
St Wilfrid's Rd
DONS/BSCR DN4 34 D6
Salcombe Gv BWTY DN10 61 F2
Salisbury Rd
DONS/BSCR DN4 33 F6
MALT S66 56 D4
Samuel St DONS/BSCR DN4 41 K3
Sandall Beat La WHHL DN2 34 E1
Sandall Beat Rd
WHHL DN2 34 D4
Sandall Carr Rd
ARMTH DN3 28 A2
Sandall La ARMTH DN3 27 K1
Sandall Pk WHHL DN2 * 27 J5
Sandall Park Dr WHHL DN2 27 J6
Sandall Ri WHHL DN2 34 C1
Sandall Stones Rd
ARMTH DN3 27 K2
Sandal Rd CONI DN12 50 D2
Sandalwood Cl WHHL DN2 27 J6
Sandalwood Ri
MEX/SWTN S64 48 E3
Sandbeck Ct BWTY DN10 61 G2
NROS/TKH DN11 55 H3
Sandbeck Rd
DONS/BSCR DN4 3 K6
Sandcliffe Rd WHHL DN2 34 C1
Sandford Rd
DONS/BSCR DN4 42 A3
Sandhill Cl RAW S62 48 C4
Sandhill Ri EPW DN9 45 H2
Sandhill Rd RAW S62 48 C5
Sandhurst Rd
DONS/BSCR DN4 44 C2
Sandown Gdns
DONS/BSCR DN4 34 E5
Sandown Rd
MEX/SWTN S64 38 D3
Sandpit Hl ARMTH DN3 45 F1
Sandringham Rd
WHHL DN2 34 B4
Sandrock Dr
DONS/BSCR DN4 44 A2
Sandrock Rd
NROS/TKH DN11 59 K5
Sandtoft Rd HTFD DN7 23 F3
Sandycroft Crs
DONS/BSCR DN4 41 J3
Sandyfields Vw
AWLS/ASK DN6 17 F2
Sandygate DEARNE S63 37 F5
Sandy La DONS/BSCR DN4 34 B6
Sandymount
NROS/TKH DN11 60 A5
Sandymount East
NROS/TKH DN11 60 A6
Sandymount Rd
DEARNE S63 37 G4
Sandymount West
NROS/TKH DN11 60 A6
Sarah Ct ARMTH DN3 29 G6
Sarah St MEX/SWTN S64 38 C5
Sargeson Rd ARMTH DN3 35 G1
Saundby Cl
DONS/BSCR DN4 43 J2
Saville Rd DEARNE S63 36 E4
Sawston Cl
DONS/BSCR DN4 42 A5
Saxon Ct DONS/BSCR DN4 44 B3
Saxon Rw CONI DN12 51 H1
Saxon Wy NROS/TKH DN11 59 K6
Saxton Av
DONS/BSCR DN4 43 J1
Scaftworth Cl
DONS/BSCR DN4 43 J2
Scarborough La
NROS/TKH DN11 54 E2
Scarbrough Cl
NROS/TKH DN11 58 E3
Scarbrough Crs MALT S66 56 E6
Scarll Rd DONS/BSCR DN4 33 F6
Scarth Av DONS/BSCR DN4 42 B1
Scawsby La BTLY DN5 25 F5
Scawthorpe Av BTLY DN5 25 H4
Schofield St
MEX/SWTN S64 38 B4
Scholfield Crs MALT S66 57 F6
School Ct DON DN1 * 3 F1
Schoolfield Dr RAW S62 48 A4
School La ARMTH DN3 44 D1
EPW DN9 45 J3
MALT S66 57 J2
School Wk BWTY DN10 61 G3
CONI DN12 39 H5
CONI DN12 51 K4
MALT S66 56 D5
Scorcher Hills La
AWLS/ASK DN6 8 D5
Scotch Spring La MALT S66 57 K4
Scot La BWTY DN10 61 G3
DON DN1 2 E3
Scott Av CONI DN12 50 D2
Scott Crs ARMTH DN3 28 A2
Scott Hl BTLY DN5 41 F1
Scott Wk MALT S66 56 B4
Scrooby Cl
NROS/TKH DN11 60 A6
Scrooby Rd
NROS/TKH DN11 60 B6
Seaton Gdns
NROS/TKH DN11 55 G4
Second Av AWLS/ASK DN6 25 G1
EPW DN9 45 K5
Sedgefield Wy
MEX/SWTN S64 38 D3
Selby Rd AWLS/ASK DN6 5 F6
THNE DN8 14 D1
WHHL DN2 34 B2
Selhurst Crs
DONS/BSCR DN4 44 A2
Selkirk Rd WHHL DN2 34 D1
Senior Rd DONS/BSCR DN4 33 F5
Seymour Rd MALT S66 57 F6
Shackleton Rd WHHL DN2 27 K4
Shady Side
DONS/BSCR DN4 33 F6
Shaftesbury Av WHHL DN2 34 C4
Shaftholme La BTLY DN5 18 C5
Shaftholme Rd BTLY DN5 18 D6
Shaftsbury Av
AWLS/ASK DN6 16 D6
Shakespeare Av
AWLS/ASK DN6 4 B5
BTLY DN5 32 E3
Shakespeare Rd BTLY DN5 26 B4
DEARNE S63 36 D2
Shardlow Gdns
DONS/BSCR DN4 44 B3
Sharlston Gdns
NROS/TKH DN11 55 J2
Shaw Ct ARMTH DN3 35 K2
Shawfield Cl ARMTH DN3 20 C5
Shaw La WHHL DN2 27 K5
Shaw Rd CONI DN12 41 F6
Shaw Wood Wy
WHHL DN2 27 K6
The Shay DONS/BSCR DN4 44 A2
Sheaf Cl CONI DN12 51 G2
Sheardown St
DONS/BSCR DN4 2 B5
Sheep Bridge La
NROS/TKH DN11 55 J1
Sheep Cote La HTFD DN7 29 K2
Sheep Dip La HTFD DN7 21 H4
Sheep La BTLY DN5 31 F6
Sheepwash La
NROS/TKH DN11 59 J1
Sheffield Rd CONI DN12 40 D6
CONI DN12 50 C3
DONS/BSCR DN4 41 F4
Sheldon Av CONI DN12 51 G2
Shelley Av
DONS/BSCR DN4 42 B3
Shelley Dr ARMTH DN3 35 K2
Shelley Gv BTLY DN5 32 E3
Shelley Ri AWLS/ASK DN6 16 E6
Shelley Wy DEARNE S63 36 C2
Shenley Cl HTFD DN7 21 J5
Shephard's Cl CONI DN12 39 H6
Shepherds Cft EPW DN9 46 D3
Sheppard Rd
DONS/BSCR DN4 42 A2
Sherburn Cl AWLS/ASK DN6 16 C1
Sheridan Av
DONS/BSCR DN4 42 C3
Sheridan Rd ARMTH DN3 20 B3
Sherwood Av ARMTH DN3 28 B3
AWLS/ASK DN6 9 J2
BTLY DN5 32 C1
CONI DN12 50 D2
Sherwood Cl AWLS/ASK DN6 4 B6
Sherwood Dr
AWLS/ASK DN6 16 C1
DONS/BSCR DN4 41 J4
Sherwood Rd
NROS/TKH DN11 55 H3
NROS/TKH DN11 59 K5
Shildon Gv THNE DN8 7 J4
Shining Cliff Ct BWTY DN10 61 F2
Shipman Balk MALT S66 51 H6
Shirburn Gdns
DONS/BSCR DN4 35 F6
Shires Cl BTLY DN5 32 A6
Shirley La BTLY DN5 10 C4
Shirley Rd DONS/BSCR DN4 33 F6
Shooters Hill Dr
NROS/TKH DN11 55 J3
Short Ga NROS/TKH DN11 53 F5
Short La DONS/BSCR DN4 43 H2
Short Rd WHHL DN2 34 D3
Shotton Wk DON DN1 2 D6
Shrewsbury Cl
MEX/SWTN S64 38 B4
Shrewsbury Rd
NROS/TKH DN11 60 B6
Shuttle Cl NROS/TKH DN11 55 H3
Shuttleworth Cl
NROS/TKH DN11 55 H3
Sidings Ct DONS/BSCR DN4 42 E1
The Sidings Rbt
DONS/BSCR DN4 3 F7
Sidney Rd WHHL DN2 34 C3
Sidney St MEX/SWTN S64 37 K6
Silkstone Ov THNE DN8 7 H4
Silver Birch Gv EPW DN9 46 D6
Silverdale Cl ARMTH DN3 45 G1
Silver Jubilee Cl WHHL DN2 34 D1
Silver St DON DN1 2 E3
HTFD DN7 13 G5
THNE DN8 15 F2
Silverwood Ct DEARNE S63 37 H2
Simpson Pl MEX/SWTN S64 38 B4
Sincil Wy DONS/BSCR DN4 44 A2
Sitwell Gv MEX/SWTN S64 48 E1
Sivilla Rd MEX/SWTN S64 48 E3
Sixrood La AWLS/ASK DN6 8 E4
Sixth Av EPW DN9 45 J6
Skellow Hall Gdns
AWLS/ASK DN6 16 D2
Skellow Rd AWLS/ASK DN6 16 E2
Skipton Cl CONI DN12 39 G6
Skipwith Cl
NROS/TKH DN11 53 H1
Skipwith Gdns
NROS/TKH DN11 55 F3
Slade Rd MEX/SWTN S64 48 D1
Slay Pit Cl HTFD DN7 22 C4
Slay Pit La HTFD DN7 22 C5
Sledmere Rd BTLY DN5 32 D1
Smillie Rd NROS/TKH DN11 55 H3
Smithies Rd
MEX/SWTN S64 37 J5
Smith Sq DONS/BSCR DN4 41 K2
NROS/TKH DN11 59 K5
Smith St DONS/BSCR DN4 41 K2
Snake La CONI DN12 51 G2
Snipe Park Rd
NROS/TKH DN11 60 B6
Snowberry Cl
MEX/SWTN S64 48 D3
Society St DON DN1 2 E4
Somersby Av BTLY DN5 32 E3
Somerset Rd DON DN1 3 F6
Somerset St MALT S66 57 F6
Somerton Dr
DONS/BSCR DN4 44 A2
HTFD DN7 22 D5
Somin Ct DONS/BSCR DN4 42 C4
Sour La HTFD DN7 13 K2
THNE DN8 6 C6
Sousa St MALT S66 57 G6
South Av BWTY DN10 61 G2
MEX/SWTN S64 48 C1
South Drive Farm
AWLS/ASK DN6 16 E2
South End THNE DN8 15 G4
Southey Crs MALT S66 56 E5
Southey Rd MALT S66 56 E5
Southfield Cl THNE DN8 15 G4
Southfield Rd ARMTH DN3 35 J1
THNE DN8 15 G2
Southmoor Av
ARMTH DN3 35 H2
Southmoor La ARMTH DN3 35 H2
South Pde BWTY DN10 61 G5
DON DN1 3 G4

72 Sou - Wal

THNE DN8 15 F3
South Precipitator Rd
ARMTH DN3 19 J3
South Rd ARMTH DN3 19 J3
THNE DN8 7 H4
South St AWLS/ASK DN6 25 F3
DONS/BSCR DN4 3 F7
RAW S62 48 B5
South Vw AWLS/ASK DN6 * 4 D4
BWTY DN10 61 J1
Southwell Ri
MEX/SWTN S64 38 D3
Southwell Rd RAW S62 48 C5
WHHL DN2 34 A1
South Wood Dr THNE DN8 15 F4
Spansyke St
DONS/BSCR DN4 2 B5
Spartan Vw MALT S66 56 B3
Spa Ter AWLS/ASK DN6 10 A1
Spencer St MEX/SWTN S64 38 A4
Spennithorne Rd
AWLS/ASK DN6 16 C1
Spey Dr EPW DN9 45 J2
Spilsby Cl DONS/BSCR DN4 44 C3
Spinners Rd WHHL DN2 26 E6
Spinney Hl BTLY DN5 41 F1
The Spinney ARMTH DN3 20 C5
DONS/BSCR DN4 41 K4
Spital Gv NROS/TKH DN11 55 H4
Spitfire Wy EPW DN9 45 K5
Springbank Cl EPW DN9 46 D3
Spring Bank Rd CONI DN12 50 E3
Spring Crs BTLY DN5 32 A6
Springcroft Dr BTLY DN5 25 J5
Spring Dr WMB/DAR S73 36 A1
Springfield Av HTFD DN7 22 A4
Springfield Cl ARMTH DN3 35 K2
Springfield Ct BTLY DN5 32 D2
Springfield Rd CONI DN12 52 B1
MEX/SWTN S64 49 F4
Spring Gdns BWTY DN10 61 G2
DON DN1 2 D4
Springhill Av
WMB/DAR S73 36 A1
Spring Hill Cl BTLY DN5 32 A6
Spring La BTLY DN5 32 A3
Springs Rd BWTY DN10 47 K6
Springvale Cl MALT S66 56 D4
Springwell Cl MALT S66 57 F4
Springwell Gdns
DONS/BSCR DN4 41 K3
Springwell La
DONS/BSCR DN4 41 K4
NROS/TKH DN11 53 F1
Springwood Cl
ARMTH DN3 44 E1
Springwood Rd BTLY DN5 25 J5
Sprotbrough La BTLY DN5 24 B6
Sprotbrough Rd BTLY DN5 32 E4
Spruce Crs EPW DN9 45 J6
The Stables
MEX/SWTN S64 37 H5
Stafford Rd AWLS/ASK DN6 17 F6
Staffordshire Cl MALT S66 57 F5
Stainforth Moor Rd
HTFD DN7 23 F6
Stainforth Rd ARMTH DN3 20 C3
Stainton La MALT S66 57 F3
Stainton St CONI DN12 39 H6
Stancil La NROS/TKH DN11 54 B4
Stanford Cl MALT S66 57 G6
Stanhope Rd DON DN1 33 K2
Stanley Gdns
DONS/BSCR DN4 2 B7
HTFD DN7 13 G6
Stanley Rd BTLY DN5 25 H6
HTFD DN7 13 G6
Stanley Sq ARMTH DN3 28 B1
Stanley Ter MALT S66 56 B6
Stanley Vls THNE DN8 * 15 F1
Stapleton Rd
DONS/BSCR DN4 41 H4
Station Cl EPW DN9 46 B5
Station Ct HTFD DN7 21 K3
Station Rd ARMTH DN3 20 B5
AWLS/ASK DN6 4 D4
AWLS/ASK DN6 17 H3
BTLY DN5 26 D3
BWTY DN10 61 G2
CONI DN12 40 A6
DEARNE S63 37 F3
EPW DN9 46 C6
HTFD DN7 21 G1
HTFD DN7 21 K3
MEX/SWTN S64 38 C5
NROS/TKH DN11 55 H2
Station St MEX/SWTN S64 37 K6
Staunton Rd
DONS/BSCR DN4 44 C2
Staveley St CONI DN12 41 F6
Stevenson Rd
DONS/BSCR DN4 42 B3
Stevens Rd
DONS/BSCR DN4 33 G6
Stewarts Rd RAW S62 48 B5
Stewart St DON DN1 2 C5
Sticking La DEARNE S63 38 A2
Stirling Av BWTY DN10 61 G2
Stirling St DON DN1 2 D6
Stockbridge Av BTLY DN5 26 A6
Stockbridge La
AWLS/ASK DN6 9 J6
BTLY DN5 26 C3
Stockil Rd DONS/BSCR DN4 3 H6
Stock's La RAW S62 48 A6
Stokewell Rd DEARNE S63 36 C2
Stone Close Av
DONS/BSCR DN4 2 A6
Stone Cross Dr BTLY DN5 32 A5
Stonecross Gdns
DONS/BSCR DN4 44 C1
Stone Font Gv
DONS/BSCR DN4 44 B2
Stonegate THNE DN8 15 F2
Stonegate Cl EPW DN9 46 C3
Stone Grey Cl
NROS/TKH DN11 58 D4
Stone Hl HTFD DN7 22 E4
Stonehill Ri BTLY DN5 25 H5
Stone Hill Rd HTFD DN7 22 D4
Stone Park Cl MALT S66 * 57 F5
Stone Riding CONI DN12 51 K2
Stoney La NROS/TKH DN11 58 C4
Stoney Well La MALT S66 57 J6
Stony Cl HTFD DN7 13 H4
Stony Croft La
AWLS/ASK DN6 8 E5
Stoops La DONS/BSCR DN4 43 H2
Stoops Rd
DONS/BSCR DN4 43 K2
Storey St MEX/SWTN S64 37 J6
Storrs La BTLY DN5 10 C5
Strathmore Gv
DEARNE S63 37 F3
Strauss Crs MALT S66 57 F6
Streatfield Crs
NROS/TKH DN11 55 F3
Stretton Cl
DONS/BSCR DN4 44 C1
Stripe Rd NROS/TKH DN11 59 J3
Stubbins Hl CONI DN12 52 B2
Stubbs La AWLS/ASK DN6 4 C2
Studley Gdns ARMTH DN3 28 A1
Stump Cross Rd
DEARNE S63 36 E4
Sturton Cl DONS/BSCR DN4 43 J3
Stygate La AWLS/ASK DN6 4 B5
Suffolk Av NROS/TKH DN11 60 D6
Suffolk Gv
NROS/TKH DN11 60 D6
Suffolk Rd
DONS/BSCR DN4 42 B3
NROS/TKH DN11 60 C6
Summerfields Dr EPW DN9 46 C3
Sunderland Pl
NROS/TKH DN11 59 F3
Sunderland St
NROS/TKH DN11 58 E3
Sunningdale Cl
DONS/BSCR DN4 44 D3
MEX/SWTN S64 48 E2
Sunningdale Dr
CONI DN12 51 K2
Sunningdale Rd
HTFD DN7 22 D5
WHHL DN2 34 B2
Sunny Bar DON DN1 2 E3
Sunnymede Av
AWLS/ASK DN6 10 B1
Sunnymede Crs
AWLS/ASK DN6 10 B1
Sunnymede Ter
AWLS/ASK DN6 10 B1
Sunnymede Vw
AWLS/ASK DN6 10 B1
Sunnyside ARMTH DN3 28 A3
ARMTH DN3 45 G1
Surrey St
DONS/BSCR DN4 42 B2
Surtees Cl MALT S66 56 C3
Sutton Rd ARMTH DN3 20 B6
AWLS/ASK DN6 9 G1
Swaith Av BTLY DN5 25 K6
Swaithe Av BTLY DN5 25 K6
Swallow Ct
NROS/TKH DN11 55 H2
Swallow Crs RAW S62 48 C5
Swanland Cl THNE DN8 15 G4
Swannington Cl
DONS/BSCR DN4 44 C2
Swan St BTLY DN5 26 B4
BWTY DN10 61 G4
Swan Syke Dr
AWLS/ASK DN6 4 D4
Swinburne Av
AWLS/ASK DN6 16 E6
DONS/BSCR DN4 42 B3
Swinburne Cl ARMTH DN3 20 B3
Swinnow Rd
NROS/TKH DN11 60 C6
Swinton Rd
MEX/SWTN S64 38 B5
Sycamore Av ARMTH DN3 28 E6
Sycamore Ct
MEX/SWTN S64 38 A4
Sycamore Crs BWTY DN10 61 F3
DEARNE S63 37 F4
Sycamore Dr EPW DN9 45 J5
Sycamore Gv CONI DN12 50 D2
DONS/BSCR DN4 44 B1
Sycamore Rd ARMTH DN3 20 A4
MEX/SWTN S64 38 A4
The Sycamores BTLY DN5 25 G5
Sycamore Vw BTLY DN5 32 C6
Sykes Ct MEX/SWTN S64 48 E2
Sylvan Cl MALT S66 57 F4
Sylvester Av
DONS/BSCR DN4 33 H6
Sylvestria Ct
NROS/TKH DN11 55 H2
Symes Gdns
DONS/BSCR DN4 35 G6

T

Tadcaster Cl CONI DN12 50 B1
Tait Av CONI DN12 52 A3
Talbot Av ARMTH DN3 20 B4
Talbot Cir ARMTH DN3 20 B4
Talbot Rd MEX/SWTN S64 38 B6
NROS/TKH DN11 60 B6
Tanpit La AWLS/ASK DN6 4 C2
Tarleton Cl ARMTH DN3 28 C1
Tasman Gv MALT S66 56 C4
Tatenhill Gdns
DONS/BSCR DN4 44 C3
Taunton Gdns
MEX/SWTN S64 38 E3
Taylor Rw DEARNE S63 * 36 D5
Taylor St CONI DN12 51 G1
Teeside Cl BTLY DN5 32 C2
Telford Rd BTLY DN5 32 E2
Telson Cl MEX/SWTN S64 37 G6
Temperance St
MEX/SWTN S64 48 E1
Temple Gdns
DONS/BSCR DN4 44 B2
Templestowe Ga
CONI DN12 51 H1
Tenby Gdns
DONS/BSCR DN4 42 A2
Tennyson Av ARMTH DN3 35 J1
AWLS/ASK DN6 4 B6
BTLY DN5 32 E3
MEX/SWTN S64 38 D3
THNE DN8 15 G2
Tennyson Ri DEARNE S63 36 C2
Tennyson Rd BTLY DN5 26 B4
MALT S66 56 E6
Ten Pound Wk
DONS/BSCR DN4 42 D1
Tenter Balk La
AWLS/ASK DN6 16 E6
Tenter La DONS/BSCR DN4 41 G3
Tenter Rd DONS/BSCR DN4 41 G3
Tewitt Rd BTLY DN5 26 A1
Thackeray Av RAW S62 48 C4
Thealby Gdns
DONS/BSCR DN4 43 J2
Thellusson Av BTLY DN5 32 B1
Theobald Av
DONS/BSCR DN4 3 J6
Theobald Cl
DONS/BSCR DN4 3 H7
Theodore Rd
AWLS/ASK DN6 9 J2
Thicket Dr MALT S66 57 F4
Third Av AWLS/ASK DN6 25 G1
EPW DN9 45 K5
Thirlmere Gdns
ARMTH DN3 28 B2
Thirlwall Av CONI DN12 50 D1
Thirsk Cl CONI DN12 50 B1
Thomas Rd HTFD DN7 13 H6
Thomas St CONI DN12 52 A2
MEX/SWTN S64 49 F4
Thompson Av CONI DN12 51 K1
NROS/TKH DN11 59 K5
Thompson Cl MALT S66 56 C3
Thompson Dr HTFD DN7 21 K4
MEX/SWTN S64 48 D2
Thompson Nook
HTFD DN7 21 K3
Thompson Ter
AWLS/ASK DN6 10 A1
Thomson Av
DONS/BSCR DN4 41 K2
Thomson Cl DEARNE S63 37 F3
Thoresby Av
DONS/BSCR DN4 3 K7
Thorncliffe Gdns
EPW DN9 45 J2
Thorne & Dikesmarsh Rd
THNE DN8 6 E4
Thorne Cl NROS/TKH DN11 59 H6
Thorne Rd ARMTH DN3 28 B3
BWTY DN10 61 H2
DON DN1 3 F3
EPW DN9 46 C3
HTFD DN7 22 C3
WHHL DN2 34 B1
Thorne Round Wk
HTFD DN7 6 A6
HTFD DN7 12 C5
THNE DN8 14 C3
Thorn Garth BTLY DN5 33 F1
Thornham Cl ARMTH DN3 35 J2
Thornhill Av WHHL DN2 34 C1
Thornhill Pl DEARNE S63 36 E3
Thornhill Rd
NROS/TKH DN11 59 H6
Thorn La WHHL DN2 27 K3
Thornlea Ct CONI DN12 51 K2
Thorn Rd MEX/SWTN S64 48 E2
Thorntondale Rd
BTLY DN5 32 C1
Thorogate RAW S62 48 A4
Thorold Pl ARMTH DN3 20 B6
Thorpe Bank
AWLS/ASK DN6 19 J1
Thorpe Grange La
BTLY DN5 10 D5
Thorpehall Rd ARMTH DN3 28 C2
Thorpe La AWLS/ASK DN6 19 G1
BTLY DN5 32 A6
Thorpe Mere Rd
AWLS/ASK DN6 19 G3
Thorpe Mere Vw
AWLS/ASK DN6 19 G3
Thrislington Sq THNE DN8 7 H3
Thrybergh Ct CONI DN12 39 K6
Thrybergh Hall Rd
RAW S62 48 C5
Tickhill Rd BWTY DN10 61 F3
DONS/BSCR DN4 42 A4
NROS/TKH DN11 59 J5
Tickhill Sq CONI DN12 39 H6
Tickhill St CONI DN12 39 H5
Tickhill Wy
NROS/TKH DN11 55 H3
Tiltshills La BTLY DN5 18 A4
Tilts La BTLY DN5 18 C4
Tinker Rd RAW S62 48 B5
Tithe Barn Ct
MEX/SWTN S64 38 B1
Tithe Barn La THNE DN8 15 G2
Tithes La NROS/TKH DN11 58 E3
Tiverton Cl MEX/SWTN S64 48 E1
Todmorden Cl CONI DN12 39 G6
Toecroft La BTLY DN5 31 J6
Tofield Rd NROS/TKH DN11 53 F3
Toftstead ARMTH DN3 35 J2
Toll Bar Rd MEX/SWTN S64 37 H6
Top Farm Ct BWTY DN10 * 61 G3
Top Hall Rd
DONS/BSCR DN4 44 B4
Top La HTFD DN7 12 C5
Top Rd ARMTH DN3 20 B4
Top St BWTY DN10 61 G3
Top View Crs CONI DN12 52 A3
Torksey Cl
DONS/BSCR DN4 44 A3
Torne Cl DONS/BSCR DN4 44 C3
Torne Vw EPW DN9 45 J1
Towcester Wy
MEX/SWTN S64 38 E3
Tower Cl BTLY DN5 25 H4
Town Flds DON DN1 3 G4
Townfield Vls DON DN1 * 3 G3
Towngate BWTY DN10 61 G3
Town Moor Av WHHL DN2 3 J2
Town View Av BTLY DN5 24 E5
Trafalgar St AWLS/ASK DN6 17 G2
Trafford Ct DON DN1 * 2 C4
Trafford Rd AWLS/ASK DN6 4 C4
Trafford Wy DON DN1 2 C4
Tranmoor Av
DONS/BSCR DN4 44 A2
Tranmoor La ARMTH DN3 35 J2
Trans Pennine Trail
AWLS/ASK DN6 12 A4
BTLY DN5 40 C3
Travis Av THNE DN8 15 G2
Travis Cl HTFD DN7 22 A3
THNE DN8 15 G2
Travis Gdns
DONS/BSCR DN4 32 E6
Travis Gv THNE DN8 15 H2
Trent Cl CONI DN12 41 G6
Trent Gdns ARMTH DN3 20 B6
Trent Ter CONI DN12 * 40 A6
Troon Rd HTFD DN7 21 K4
Trueman Gn MALT S66 56 C4
Truman St BTLY DN5 26 A4
Trumfleet La
AWLS/ASK DN6 11 H3
Trundle La HTFD DN7 13 H1
Truro Av WHHL DN2 27 J5
Tudor Rd AWLS/ASK DN6 25 G2
WHHL DN2 34 C3
Tudor St NROS/TKH DN11 55 G3
Tudworth Field Rd
HTFD DN7 23 G1
Tudworth Rd HTFD DN7 22 E3
Turf Moor Rd HTFD DN7 22 E6
Turnberry Ct BTLY DN5 26 A5
Turnberry Ms HTFD DN7 13 G5
Tutbury Gdns
DONS/BSCR DN4 44 C2
Twigg Ct MEX/SWTN S64 4
Twyford Cl
MEX/SWTN S64 3
Tyas Pl MEX/SWTN S64 * 3
Tynedale Ct ARMTH DN3 2

U

Ullswater Rd
MEX/SWTN S64 3
Ulverston Av
AWLS/ASK DN6 1
Union Rd THNE DN8 1
Union St DON DN1
Uplands Rd ARMTH DN3 3
Upperfield Cl MALT S66 5
Upperfield Rd MALT S66 5
Upper Kenyon St
THNE DN8 1
Upton Cl MALT S66 5
Urban Rd DONS/BSCR DN4
Urch Cl CONI DN12 5
Uttoxeter Av
MEX/SWTN S64 3

V

Valiant Gdns BTLY DN5 3
Valley Dr ARMTH DN3 4
DEARNE S63 3
Valley Rd MEX/SWTN S64 4
Varney Rd DEARNE S63 3
Vaughan Av DON DN1
Vaughan Rd AWLS/ASK DN6
Ventnor Cl
DONS/BSCR DN4 4
Verger Cl NROS/TKH DN11 5
Vermuyden Rd THNE DN8
Vernon Wy MALT S66 5
Vicarage Cl
DONS/BSCR DN4 4
MEX/SWTN S64 3
Vicarage Dr
NROS/TKH DN11 5
Vicarage Wy BTLY DN5 2
Vicar Rd DEARNE S63 3
Victoria Av HTFD DN7 2
Victoria Cl HTFD DN7 2
THNE DN8 1
Victoria Cottages
MEX/SWTN S64 * 3
Victoria La
NROS/TKH DN11 5
Victorian Crs WHHL DN2
Victoria Rd AWLS/ASK DN6
AWLS/ASK DN6 1
BTLY DN5 2
CONI DN12 4
DEARNE S63 3
DONS/BSCR DN4 4
MEX/SWTN S64 3
Victoria St MEX/SWTN S64 4
Victoria Wy MALT S66 5
Victor St AWLS/ASK DN6 1
Villa Gdns BTLY DN5 18
Village St AWLS/ASK DN6 1
Villa Park Rd
DONS/BSCR DN4 4
Villa Rd AWLS/ASK DN6 1
Vine Rd NROS/TKH DN11 5
Vineyard Cl
NROS/TKH DN11 5
Violet Av CONI DN12 5
Vulcan Ms EPW DN9 4

W

Wadworth Av
NROS/TKH DN11 5
Wadworth Hall La
NROS/TKH DN11 5
Wadworth Hl
NROS/TKH DN11 5
Wadworth St CONI DN12 3
Wainscot Pl AWLS/ASK DN6 16
Wainwright Rd
DONS/BSCR DN4 3
Wakelam Dr ARMTH DN3 35
Walbank Rd ARMTH DN3 35
Walden Av BTLY DN5 2
Walden Stubbs Rd
AWLS/ASK DN6 4
Walker St MEX/SWTN S64 38
RAW S62 48
Walker Vw RAW S62 48
Wallace Rd
DONS/BSCR DN4 41
Walnut Av EPW DN9 45
NROS/TKH DN11 59

ut Gv MEX/SWTN S64 ... 38 B3
ut Rd THNE DN8 ... 7 F6
ut Tree Hl
OS/TKH DN11 ... 53 H4
ole Cl
NS/BSCR DN4 ... 41 K4
nam Dr BTLY DN5 ... 32 D2
ow Crs ARMTH DN3 ... 35 F1
ers Rd MALT S66 ... 57 F5
nam Dr
LS/ASK DN6 ... 16 C1
Vapping
AM/THRY S65 ... 49 K4
e Av
NS/BSCR DN4 ... 41 K3
en Cl
NS/BSCR DN4 ... 44 C1
house La
ARNE S63 ... 36 E3
nsworth Halt
NS/BSCR DN4 ... 41 F5
nsworth Rd
NS/BSCR DN4 ... 41 J3
ington Dr
NS/BSCR DN4 ... 44 C4
ing Tongue La
NS/BSCR DN4 ... 44 D5
en Cl DONS/BSCR DN4 .. 41 G3
HHL DN2 ... 34 B3
en La
NS/BSCR DN4 ... 44 B4
enne Cl HTFD DN7 ... 21 J4
enne Rd HTFD DN7 ... 21 J4
en Rd THNE DN8 ... 15 G3
Warren
OS/TKH DN11 ... 55 H1
en V MEX/SWTN S64 ... 48 B2
W S62 ... 48 B4
en Vale Rd
EX/SWTN S64 ... 37 G6
vick Cl HTFD DN7 ... 22 D5
vick Rd MALT S66 ... 56 A5
HHL DN2 ... 34 C2
nington Av CONI DN12 .. 50 C1
nington Gv BTLY DN5 ... 26 A6
nington Rd
LS/ASK DN6 ... 17 F6
nington St
EX/SWTN S64 ... 38 D4
h House La BTLY DN5 ... 32 E1
erdale DON DN1 ... 2 E5
erdale Cl BTLY DN5 ... 41 H1
er La HTFD DN7 ... 13 G4
erside THNE DN8 ... 14 C1
erside Rd THNE DN8 ... 6 D6
erside Vw CONI DN12 ... 40 A6
erslack Rd
OS/TKH DN11 ... 60 B6
erton La HTFD DN7 ... 29 K2
n Rd MEX/SWTN S64 ... 38 B5
n Wood Bottom
ARNE S63 ... 36 E6
n Wood Dr
EX/SWTN S64 ... 37 F6
n Wood Rd
ARNE S63 ... 37 F5
sons Cft HTFD DN7 ... 13 K5
erley Av CONI DN12 ... 51 F1
NS/BSCR DN4 ... 41 J2
erley Ct BTLY DN5 ... 26 A1
therall Pl
LS/ASK DN6 ... 16 D1
gewood Cl RAW S62 ... 48 A6
beck Rd
NS/BSCR DN4 ... 3 J5
OS/TKH DN11 ... 59 K5
are Av CONI DN12 ... 50 D1
are Rd AWLS/ASK DN6 ... 25 F2
croft Cl WHHL DN2 ... 34 D1
gate CONI DN12 ... 51 F1
ingley La
OS/TKH DN11 ... 53 J6
ingley Rd
NS/BSCR DN4 ... 42 C4
ington Gv BTLY DN5 ... 26 A6
WTY DN10 ... 61 F2
ingtonia Dr
LS/ASK DN6 ... 4 B6
ington Rd CONI DN12 ... 52 A1
ington St
EX/SWTN S64 ... 38 C4
La NROS/TKH DN11 ... 53 H4
s Rd WHHL DN2 ... 34 A1
syke Rd
LS/ASK DN6 ... 17 H4
on Cl DONS/BSCR DN4 .. 43 J3
mbley Av CONI DN12 ... 50 D1
mbley Cl WHHL DN2 ... 34 D2
mbley Rd THNE DN8 ... 7 G4
dan Rd THNE DN8 ... 15 F3
sley Crs
ONS/BSCR DN4 ... 44 B2
sleydale Rd BTLY DN5 ... 25 H6
t Br AWLS/ASK DN6 ... 5 G2
tworth Ct BWTY DN10 .. 61 G4
tworth Gdns
EX/SWTN S64 ... 48 D3
tworth Rd WHHL DN2 ... 33 K2

West Av AWLS/ASK DN6 ... 24 D1
DONS/BSCR DN4 ... 42 A2
HTFD DN7 ... 13 H5
RAW S62 ... 48 A5
West Bank HTFD DN7 ... 13 F4
Westbourne Gdns
DONS/BSCR DN4 ... 41 K3
West Circuit
AWLS/ASK DN6 ... 19 J3
West Ct THNE DN8 ... 15 F3
West End Av BTLY DN5 ... 26 A6
West End Ct
NROS/TKH DN11 ... 55 J3
West End La
NROS/TKH DN11 ... 54 E1
West End Rd
AWLS/ASK DN6 ... 4 B4
DEARNE S63 ... 36 B2
Westerdale Rd BTLY DN5 ... 32 C1
Westfield Cl
NROS/TKH DN11 ... 58 D3
Westfield Crs
AWLS/ASK DN6 ... 10 A1
Westfield Cft DEARNE S63 ... 36 A2
Westfield Rd ARMTH DN3 ... 35 H1
DEARNE S63 ... 36 A3
DONS/BSCR DN4 ... 33 G6
HTFD DN7 ... 12 E1
HTFD DN7 ... 22 A4
NROS/TKH DN11 ... 58 D3
WMB/DAR S73 ... 36 A2
Westfield Vls HTFD DN7 ... 22 A3
West Ga MEX/SWTN S64 ... 38 E4
NROS/TKH DN11 ... 58 D4
West Green Dr ARMTH DN3 .. 28 A1
West Gv WHHL DN2 ... 34 B2
Westholme Rd
DONS/BSCR DN4 ... 2 B7
West Laith Ga DON DN1 ... 2 D4
Westminster Buildings
DON DN1 * ... 2 E3
Westminster Crs
WHHL DN2 ... 34 D2
Westminster Dr HTFD DN7 ... 29 F1
West Moor La ARMTH DN3 ... 29 F6
Westmorland Ct
NROS/TKH DN11 ... 60 D6
Westmorland St
DONS/BSCR DN4 ... 41 K3
Westmorland Wy
BTLY DN5 ... 31 K6
Westmount Av
DEARNE S63 ... 36 C1
Westongales Wy BTLY DN5 .. 26 A5
Weston Rd
DONS/BSCR DN4 ... 42 B3
Westpit Hl DEARNE S63 ... 36 A2
West Pl BTLY DN5 ... 26 B4
West Rd MEX/SWTN S64 ... 38 B4
THNE DN8 ... 7 H4
West Service Rd
ARMTH DN3 ... 19 J3
Westside Gra
DONS/BSCR DN4 ... 42 A1
West St CONI DN12 ... 51 F1
DEARNE S63 ... 36 E3
DON DN1 ... 2 C4
MEX/SWTN S64 ... 38 B5
NROS/TKH DN11 ... 60 A5
THNE DN8 ... 15 F3
West View Rd
MEX/SWTN S64 ... 38 C5
Westwood Rd BWTY DN10 ... 61 F4
Wetherby Cl BTLY DN5 ... 32 C2
Wetherby Dr
MEX/SWTN S64 ... 38 D3
Wet Moor La DEARNE S63 ... 36 D2
Wharf Cl MEX/SWTN S64 ... 38 A6
Wharf Rd DON DN1 ... 33 J2
MEX/SWTN S64 ... 49 F3
Wharf St BWTY DN10 ... 61 G3
MEX/SWTN S64 ... 38 A6
Wharncliffe Av
DEARNE S63 ... 37 F3
Wharncliffe St
DONS/BSCR DN4 ... 33 F5
Wheat Cft CONI DN12 ... 51 H1
Wheatcroft Rd RAW S62 ... 48 C5
Wheatfield Cl ARMTH DN3 ... 20 C5
Wheatfield Dr
NROS/TKH DN11 ... 59 F2
Wheatley Hall Rd
WHHL DN2 ... 34 A1
Wheatley La DON DN1 ... 3 F1
Wheatley Pl CONI DN12 * ... 39 H6
Wheatley Rd BTLY DN5 ... 26 A3
MEX/SWTN S64 ... 49 F4
Wheatley St CONI DN12 ... 39 H6
Whinfell Cl AWLS/ASK DN6 ... 17 F5
Whin Hill Rd
DONS/BSCR DN4 ... 43 K1
Whinny Haugh La
NROS/TKH DN11 ... 59 F5
Whiphill Cl
DONS/BSCR DN4 ... 44 A2
Whiphill La ARMTH DN3 ... 35 K2
Whiphill Top La
ARMTH DN3 ... 45 G1

Whisperwood Dr
DONS/BSCR DN4 ... 42 B5
Whitaker Cl
NROS/TKH DN11 ... 55 G4
Whitbeck Cl
NROS/TKH DN11 ... 53 G4
Whitburn Rd DON DN1 ... 3 F6
Whitby Rd
NROS/TKH DN11 ... 55 F2
NROS/TKH DN11 ... 60 A5
Whitcomb Dr
NROS/TKH DN11 ... 55 G4
White Cross La
NROS/TKH DN11 ... 53 F2
White House Cl HTFD DN7 ... 21 J4
Whitehouse Ct
NROS/TKH DN11 ... 60 C6
White House Dr
NROS/TKH DN11 ... 60 C6
White House Rd
NROS/TKH DN11 ... 60 C6
White House Vw
ARMTH DN3 ... 20 A3
White La THNE DN8 ... 14 D2
Whitelea Gv
MEX/SWTN S64 ... 38 B5
Whitelee Rd
MEX/SWTN S64 ... 38 A6
White Rose Ct BTLY DN5 ... 26 C4
White Rose Wy
DONS/BSCR DN4 ... 42 E1
Whitney Cl
DONS/BSCR DN4 ... 41 J4
Whittier Rd
DONS/BSCR DN4 ... 42 A3
Whittingtons Ct
WHHL DN2 ... 27 J5
Whittington St DON DN1 ... 33 J2
Whitton Cl
DONS/BSCR DN4 ... 43 J3
Whitwell Vw
NROS/TKH DN11 * ... 55 J2
Whitworth Ct EPW DN9 ... 45 K6
Whitworth Wy
DEARNE S63 ... 36 E2
Wickethern Rd
ARMTH DN3 ... 35 K1
Wicket Wy CONI DN12 ... 41 G6
Wicklow Rd WHHL DN2 ... 34 B2
Widford Gn HTFD DN7 ... 21 J5
Wike Gate Cl THNE DN8 ... 15 H3
Wike Gate Gv THNE DN8 ... 15 G3
Wike Gate Rd THNE DN8 ... 15 H2
Wilberforce Rd WHHL DN2 ... 27 K4
Wilby Carr Gdns
DONS/BSCR DN4 ... 35 G6
Wildene Dr MEX/SWTN S64 .. 38 C3
Wildflower Cl
NROS/TKH DN11 ... 55 F4
Wilkinson Av
NROS/TKH DN11 ... 55 H3
THNE DN8 ... 7 G5
William Bradford Cl
BWTY DN10 ... 61 J1
William La NROS/TKH DN11 .. 54 E2
Williams Rd BTLY DN5 ... 32 E1
William St DEARNE S63 ... 37 F3
MEX/SWTN S64 ... 38 A6
Willington Rd
AWLS/ASK DN6 ... 16 E2
Willow Av DONS/BSCR DN4 .. 44 B1
RAW S62 ... 48 B6
THNE DN8 ... 7 F5
Willow Bridge La
AWLS/ASK DN6 ... 11 K3
Willowbrook
AWLS/ASK DN6 ... 16 D1
Willow Crs EPW DN9 ... 45 H5
THNE DN8 ... 7 F6
Willowdale Cl BTLY DN5 ... 41 H1
Willow Dr CONI DN12 ... 41 G6
MEX/SWTN S64 ... 38 B4
Willow Garth RAW S62 ... 48 B5
Willow Garth La
AWLS/ASK DN6 ... 5 G6
Willow Gv NROS/TKH DN11 .. 60 A6
THNE DN8 ... 7 G5
Willow La NROS/TKH DN11 ... 55 H2
Willowlees Ct
DONS/BSCR DN4 ... 44 A2
Willow Rd ARMTH DN3 ... 28 E6
AWLS/ASK DN6 ... 4 C6
DEARNE S63 ... 37 G5
MALT S66 ... 56 B5
THNE DN8 ... 7 F6
Willow St CONI DN12 ... 51 G1
Willow Wk BTLY DN5 * ... 26 A2
Wilmington Dr
DONS/BSCR DN4 ... 43 F2
Wilsic Rd NROS/TKH DN11 ... 53 F5
NROS/TKH DN11 ... 58 E2
Wilton Cl RAW S62 ... 48 A6
Wiltshire Rd WHHL DN2 ... 34 D3
Wincanton Cl
MEX/SWTN S64 ... 38 D3
Winchester Av WHHL DN2 ... 34 B1
Winchester Ms
NROS/TKH DN11 ... 60 C5

Winchester Rd HTFD DN7 ... 21 J3
Winchester Wy BTLY DN5 ... 32 C1
Windam Dr ARMTH DN3 ... 20 B3
Windermere Av
NROS/TKH DN11 ... 59 K6
WHHL DN2 ... 34 D2
Windermere Cl
AWLS/ASK DN6 ... 16 E2
Windermere Crs
ARMTH DN3 ... 28 B1
Windermere Gra
CONI DN12 ... 52 A2
Windgate Hl CONI DN12 ... 40 B6
Windhill Av MEX/SWTN S64 .. 38 E4
Windhill Crs
MEX/SWTN S64 ... 38 E3
Windhill Ter
MEX/SWTN S64 ... 38 E3
Windlass Cl THNE DN8 ... 14 E2
Windle Rd
DONS/BSCR DN4 ... 33 F6
Windle Sq ARMTH DN3 ... 28 B1
Windlestone Sq THNE DN8 ... 7 J4
Windmill Av CONI DN12 ... 51 G2
Windmill Balk La
AWLS/ASK DN6 ... 25 F1
Windmill Ct AWLS/ASK DN6 .. 17 F6
Windmill Dr
NROS/TKH DN11 ... 53 G5
Windmill La AWLS/ASK DN6 ... 4 A5
Windmill Meadow
AWLS/ASK DN6 ... 4 B4
Windsor Cl AWLS/ASK DN6 ... 10 C1
Windsor Ct HTFD DN7 ... 29 G1
Windsor Dr MEX/SWTN S64 .. 38 E3
Windsor Rd CONI DN12 * ... 39 K6
WHHL DN2 ... 3 J1
Windsor Wk BTLY DN5 ... 32 D1
Winfield Rd DEARNE S63 ... 37 F4
Winholme ARMTH DN3 ... 35 J1
Winnery Cl
NROS/TKH DN11 ... 58 E2
Winnipeg Rd BTLY DN5 ... 26 B4
Wintersett Dr
DONS/BSCR DN4 ... 43 H1
Winterton Cl
DONS/BSCR DN4 ... 43 K3
Winterwell Rd DEARNE S63 .. 36 C2
Winton Rd WHHL DN2 ... 34 C3
Wisconsin Dr
DONS/BSCR DN4 ... 43 G2
Wivelsfield Rd
DONS/BSCR DN4 ... 41 H2
Woburn Cl
DONS/BSCR DN4 ... 41 J4
Wolsey Av WHHL DN2 ... 34 C3
Wombwell Av DEARNE S63 ... 36 E4
Wong La NROS/TKH DN11 ... 58 D3
Woodcock Wy
AWLS/ASK DN6 ... 17 F4
Woodcross Av
DONS/BSCR DN4 ... 44 C2
Woodfield Av
MEX/SWTN S64 ... 38 D4
Woodfield Rd ARMTH DN3 ... 35 K2
DEARNE S63 ... 36 B3
DONS/BSCR DN4 ... 42 A2
PONT WF8 ... 8 A1
Woodfield Wy
DONS/BSCR DN4 ... 42 B5
Woodford Rd ARMTH DN3 ... 20 B3
Woodgarth Ct
AWLS/ASK DN6 ... 9 G1
Woodhall Ri
MEX/SWTN S64 ... 48 E1
Woodhouse Green Rd
HTFD DN7 ... 13 F2
Woodhouse La HTFD DN7 ... 29 J1
Woodhouse Rd WHHL DN2 .. 33 K1
Woodknot Ms
DONS/BSCR DN4 ... 42 B5
Woodland Gdns MALT S66 ... 57 F5
Woodland Gv DEARNE S63 ... 37 F5
Woodland Rd DEARNE S63 ... 37 F5
Woodlands Crs
MEX/SWTN S64 ... 48 B1
Woodlands Ri
AWLS/ASK DN6 ... 4 B6
Woodlands Rd
AWLS/ASK DN6 ... 25 F1
The Woodlands
ARMTH DN3 ... 28 E6
Woodlands Vw
AWLS/ASK DN6 * ... 24 E1
Woodland Vw
MEX/SWTN S64 ... 38 E5
Wood La CONI DN12 ... 52 A4
HTFD DN7 ... 13 K1
NROS/TKH DN11 ... 52 E1
THNE DN8 ... 6 B5
Woodlea Gdns
DONS/BSCR DN4 ... 44 B2
Woodlea Gv ARMTH DN3 ... 35 J1
Woodlea Wy WHHL DN2 ... 27 J6
Woodman Dr
MEX/SWTN S64 ... 48 B1
Woodsett Wk CONI DN12 ... 40 C6
Woodside Av DEARNE S63 ... 37 F4

Woodside Ct
AWLS/ASK DN6 ... 24 E1
Woodside Rd
AWLS/ASK DN6 ... 24 E1
BTLY DN5 ... 25 J5
Woodside Vw
NROS/TKH DN11 ... 60 B6
Woodstock Rd
DONS/BSCR DN4 ... 41 J3
Wood St DON DN1 ... 2 E4
MEX/SWTN S64 ... 37 K6
Woodview BTLY DN5 ... 32 A6
Wood Vw CONI DN12 ... 51 H2
Wood Wk MEX/SWTN S64 ... 38 B3
Wood's Riding WHHL DN2 ... 34 E3
Worcester Av WHHL DN2 ... 27 F6
Wordsworth Av
AWLS/ASK DN6 ... 4 B6
DONS/BSCR DN4 ... 42 B3
Wordsworth Dr BTLY DN5 ... 32 E3
Wordsworth Rd
DEARNE S63 ... 36 C2
Worksop Rd
NROS/TKH DN11 ... 58 D5
Wormley Hill La GLE DN14 ... 6 B2
Worral Ct ARMTH DN3 ... 28 C3
Worsley Pl AWLS/ASK DN6 ... 16 D1
Worthing Crs CONI DN12 ... 51 G1
Wortley Av MEX/SWTN S64 .. 48 E1
Wrancarr La
AWLS/ASK DN6 ... 11 G3
Wrancarr Wood La
AWLS/ASK DN6 ... 10 E3
Wrightson Av
DONS/BSCR DN4 ... 41 G4
Wrightson Ter BTLY DN5 ... 33 G1
Wroot Rd EPW DN9 ... 46 C6
Wroxham Wy BTLY DN5 ... 32 D2
Wychwood Cl
DONS/BSCR DN4 ... 41 K5
Wyndthorpe Av
DONS/BSCR DN4 ... 44 A2
Wyn Gv WMB/DAR S73 ... 36 A2
Wynmoor Crs
WMB/DAR S73 ... 36 A1

Y

Yarborough Ter BTLY DN5 ... 33 G2
Yarwell Dr MALT S66 ... 56 C4
Yealand Cl AWLS/ASK DN6 ... 17 F5
Yearling Cha
MEX/SWTN S64 ... 37 H6
Yew Ter CONI DN12 * ... 40 A6
Yew Tree Ct AWLS/ASK DN6 ... 9 G1
Yew Tree Crs
NROS/TKH DN11 ... 55 H1
Yew Tree Dr BWTY DN10 ... 61 F3
EPW DN9 ... 45 K5
Yew Tree Rd MALT S66 ... 56 A4
York Gdns
DONS/BSCR DN4 ... 34 E6
York Rd AWLS/ASK DN6 ... 25 H3
BTLY DN5 ... 25 H5
HTFD DN7 ... 21 J3
NROS/TKH DN11 ... 59 F3
York St MEX/SWTN S64 ... 38 B4
NROS/TKH DN11 ... 55 F1
Young St DON DN1 ... 2 E4

Z

Zetland Rd WHHL DN2 ... 3 K1

74 Index - featured places

Adwick Leisure Centre *AWLS/ASK* DN6 ... 25 F1
Adwick Park Junior School *AWLS/ASK* DN6 ... 17 F6
Adwick Washington Infant School *AWLS/ASK* DN6 ... 25 G1
Anchorage Lower School *BTLY* DN5 ... 32 D1
Anchorage Upper School *BTLY* DN5 ... 32 B1
Arksey Primary School *BTLY* DN5 ... 26 D3
Armthorpe Community Centre *ARMTH* DN3 ... 35 J1
The Armthorpe School *ARMTH* DN3 ... 28 C6
Armthorpe Southfield Primary School *ARMTH* DN3 ... 35 J2
Ash Hill Middle School *HTFD* DN7 ... 21 J4
Ash-Holt Industrial Estate *EPW* DN9 ... 46 E4
Askern Health Centre *AWLS/ASK* DN6 ... 10 A2
Askern Industrial Estate *AWLS/ASK* DN6 ... 10 C1
Askern Spa Junior School *AWLS/ASK* DN6 ... 9 K3
Askern Swimming Pool *AWLS/ASK* DN6 ... 9 J1
Athron Industrial Estate *DON* DN1 ... 3 F1
Auckley J & I School *EPW* DN9 ... 45 J3
Aven Industrial Park *MALT* S66 ... 57 J5
Balby Carr Community Sports College *DONS/BSCR* DN4 ... 42 C3
Balby Street J & I School *CONI* DN12 ... 39 K6
Bankwood Lane Industrial Estate *NROS/TKH* DN11 ... 54 E1
Barnby Dun Primary School *ARMTH* DN3 ... 20 B4
Bawtry Health Centre *BWTY* DN10 ... 61 G3
Bawtry Mayflower J & I School *BWTY* DN10 ... 61 G3
Bentley Colliery CC *BTLY* DN5 ... 26 B3
Bentley Health Centre *BTLY* DN5 ... 26 A4
Bentley High Street Primary School *BTLY* DN5 ... 26 B5
Bentley New Village Primary School *BTLY* DN5 ... 26 B3
Bessacarr Primary School *DONS/BSCR* DN4 ... 43 J1
Bircotes & Harworth Community School *NROS/TKH* DN11 ... 60 B5
Bircotes Sports Centre *NROS/TKH* DN11 ... 60 B5
Bootham Lane Industrial Estate *HTFD* DN7 ... 21 J2
Brampton Cortonwood Infant School *WMB/DAR* S73 ... 36 A1
Brampton Ellis CE Infant School *DEARNE* S63 ... 36 C3
Brampton Ellis CE Junior School *DEARNE* S63 ... 36 B2
Brooke Primary School *THNE* DN8 ... 15 H3
Broomhouse Lane Industrial Estate *CONI* DN12 ... 52 B1
Burns Medical Centre *DONS/BSCR* DN4 ... 44 A1
Business Training Centre *DON* DN1 ... 2 E7
The Campanile Hotel *DONS/BSCR* DN4 ... 34 C6
Campsall Country Park *AWLS/ASK* DN6 ... 9 H1
Campsmount School *AWLS/ASK* DN6 ... 4 A5
Cantley Health Centre *DONS/BSCR* DN4 ... 44 B1
Cantley Sycamore Primary School *DONS/BSCR* DN4 ... 44 A2
Capitol Business Park *THNE* DN8 ... 14 D1
Carcroft Health Centre *AWLS/ASK* DN6 ... 17 G3
Carcroft Industrial Estate *AWLS/ASK* DN6 ... 17 H4
Carr House Centre *DONS/BSCR* DN4 ... 3 K6
Castle Hills Primary School *BTLY* DN5 ... 25 J5
Castle Mound *THNE* DN8 ... 15 F2
Cedar School *DONS/BSCR* DN4 ... 41 K3
Centurion Retail Park *BTLY* DN5 ... 33 G2
Charter Gallery Museum *CONI* DN12 ... 50 E1
Chase School *HTFD* DN7 ... 21 J4
Clayfield Industrial Estate *DONS/BSCR* DN4 ... 42 A3
The Colonnades Shopping Centre *DON* DN1 ... 2 D4
Conisbrough Castle *CONI* DN12 ... 51 F1
Conisbrough Cemetery *CONI* DN12 ... 50 E3
Copley Junior School *BTLY* DN5 ... 41 F1
Coulman Road Industrial Estate *THNE* DN8 ... 15 H1
Crookesbroom Primary School *HTFD* DN7 ... 21 J3
Crookhill Park Municipal Golf Club *CONI* DN12 ... 51 J4
Curlew Junior School *WHHL* DN2 ... 27 J4
Cusworth Country Park *BTLY* DN5 ... 32 C3
Danum Hotel *DON* DN1 ... 2 E4
Danum School Technology College *WHHL* DN2 ... 34 E2
Dearne Valley College *DEARNE* S63 ... 37 J4
Dearne Valley College (Rockingham Centre) *DEARNE* S63 ... 36 E3
Denaby Ings Visitor Centre *MEX/SWTN* S64 ... 39 H3
Denaby Lane Industrial Estate *CONI* DN12 ... 39 G6
Denaby Main Primary School *CONI* DN12 ... 39 H5
The Dome Leisure Centre *DONS/BSCR* DN4 ... 34 C6
Doncaster Balby Central First School *DONS/BSCR* DN4 ... 33 F6
Doncaster Civic Theatre *DON* DN1 ... 3 F4
The Doncaster Clinic *WHHL* DN2 ... 34 B4
Doncaster College *BTLY* DN5 ... 39 K1
DON DN1 ... 2 E1
DON DN1 ... 3 F5
Doncaster College & School for the Deaf *WHHL* DN2 ... 34 A4
Doncaster Golf Club *DONS/BSCR* DN4 ... 44 C4
Doncaster Leisure Park *DONS/BSCR* DN4 ... 34 C6
Doncaster Museum & Art Gallery *DON* DN1 ... 3 F4
Doncaster Old (Hyde Park) Cemetery *DON* DN1 ... 2 D7
Doncaster Racecourse *WHHL* DN2 ... 34 C5
Doncaster Racecourse Exhibition Centre *WHHL* DN2 ... 34 B4
Doncaster Railport *DONS/BSCR* DN4 ... 42 D1
Doncaster Road Junior School *MEX/SWTN* S64 ... 38 E5
Doncaster Rovers FC *DONS/BSCR* DN4 ... 34 B5
Doncaster Royal Infirmary *WHHL* DN2 ... 34 B2
Doncaster Town CC *WHHL* DN2 ... 3 H4
Doncaster Town Moor Golf Club *DONS/BSCR* DN4 ... 34 B5
Don Valley School & Performing Arts College *BTLY* DN5 ... 25 H5
Dunsville Health Centre *HTFD* DN7 ... 29 G1
Dunsville Primary School *HTFD* DN7 ... 21 J6
Edenthorpe Canon Popham CE Primary School *ARMTH* DN3 ... 28 B2
Edenthorpe Hall Primary School *ARMTH* DN3 ... 28 C3
Edlington School *CONI* DN12 ... 52 A3
Edlington Victoria Primary School *CONI* DN12 ... 40 E6
Euro Link Business Park *DONS/BSCR* DN4 ... 33 K6
Fernbank School *AWLS/ASK* DN6 ... 17 G5
Finningley CE School *EPW* DN9 ... 46 D6
Frenchgate Shopping Centre *DON* DN1 ... 2 D3
Fullerton House School *CONI* DN12 ... 39 H6
Grand St Leger Hotel *DONS/BSCR* DN4 ... 3 K5
Grange Lane Infant School *NROS/TKH* DN11 ... 54 E3
Green Top Primary School *THNE* DN8 ... 15 F3
Gunhills Lane Industrial Estate *ARMTH* DN3 ... 28 E6
Hall Cross Lower School *DONS/BSCR* DN4 ... 43 H1
Hall Cross School *DON* DN1 ... 3 G3
Harworth CE Primary School *NROS/TKH* DN11 ... 59 K6
Harworth Medical Centre *NROS/TKH* DN11 ... 60 A5
Hatchell Wood Primary School *DONS/BSCR* DN4 ... 44 C3
Hatfield Cemetery *HTFD* DN7 ... 22 C5
Hatfield High School *HTFD* DN7 ... 21 K5
Hatfield Manor VA CE Junior School *HTFD* DN7 ... 22 A3
Hatfield Travis VA CE Infant School *HTFD* DN7 ... 22 A3
Hatfield Waterpark *HTFD* DN7 ... 22 B3
Hatfield Woodhouse Primary School *HTFD* DN7 ... 22 E5
Hawthorn Primary School *DONS/BSCR* DN4 ... 35 F6
Hayfield Lane Primary School *EPW* DN9 ... 45 H5
The Hayfield School *EPW* DN9 ... 45 H5
Hexthorpe Business Park *DONS/BSCR* DN4 ... 2 B5
Hexthorpe Primary School *DONS/BSCR* DN4 ... 32 E6
Highfields Primary School *AWLS/ASK* DN6 ... 25 F3
Highwoods Infant School *MEX/SWTN* S64 ... 38 A3
Hill House St Marys School *DON* DN1 ... 3 H2
DONS/BSCR DN4 ... 43 K1
Hill Top Primary School *CONI* DN12 ... 51 K2
Hilltop Special School *MALT* S66 ... 56 B4
HM Prison *BTLY* DN5 ... 2 A3
Holmescarr Junior Mixed School *NROS/TKH* DN11 ... 55 F2
Holy Family RC Primary School *HTFD* DN7 ... 13 J4
Hungerhill School *ARMTH* DN3 ... 28 A3
Hyde Park Industrial Estate *DONS/BSCR* DN4 ... 3 F7
Ivanhoe J & I School *CONI* DN12 ... 50 D2
Khan Medical Centre *NROS/TKH* DN11 ... 60 A6
Kilnhurst Business Park *MEX/SWTN* S64 ... 49 F5
Kilnhurst J & I School *MEX/SWTN* S64 ... 49 G4
Kingfisher Primary School *WHHL* DN2 ... 27 G6
Kings Wood Golf Course *HTFD* DN7 ... 14 D6
Kirkby Avenue Primary School *BTLY* DN5 ... 33 F1
Kirk Sandall Industrial Estate *ARMTH* DN3 ... 27 K3
Kirk Sandall J & I School *ARMTH* DN3 ... 28 B2
Kirton Lane Primary School *HTFD* DN7 ... 13 J5
Lakeside First School *DONS/BSCR* DN4 ... 34 A6
Lakeside Village Shopping Outlet *DONS/BSCR* DN4 ... 43 F1
Littlemoor First School *AWLS/ASK* DN6 ... 9 J3
Long Toft Primary School *HTFD* DN7 ... 13 F5
The Mallard Primary School *DONS/BSCR* DN4 ... 41 J3
Maltby Cemetery *MALT* S66 ... 57 F5
Maltby Colliery *MALT* S66 ... 57 J5
Maltby Comprehensive School *MALT* S66 ... 56 D5
Maltby Crags J & I School *MALT* S66 ... 56 E6
Maltby Hall Infant School *MALT* S66 ... 56 C5
Maltby Health Centre *MALT* S66 ... 56 D5
Maltby Lilly Hall Junior School *MALT* S66 ... 56 C5
Maltby Linx Youth & Community Centre *MALT* S66 ... 56 C5
Maltby Manor Primary School *MALT* S66 ... 56 D5
Maltby Redwood JMI School *MALT* S66 ... 56 A5
Maltby St Mary's RC Primary School *MALT* S66 ... 57 F6
Maltby Sports Centre & Swimming Pool *MALT* S66 ... 56 D5
Mansion House *DON* DN1 ... 2 D3
Market Hall & Corn Exchange *DON* DN1 ... 2 E3
Marshgate Industrial Estate *BTLY* DN5 ... 2 B2
Mayflower Junior School *BWTY* DN10 ... 61 G2
The McAuley Catholic High School *DONS/BSCR* DN4 ... 44 C1
Meadowview Industrial Estate *ARMTH* DN3 ... 29 F6
Melton Wood Country Park *BTLY* DN5 ... 31 F3
Mexborough Business Centre *MEX/SWTN* S64 ... 38 D4
Mexborough Bus Station *MEX/SWTN* S64 ... 38 C5
Mexborough Cemetery *MEX/SWTN* S64 ... 38 C3
Mexborough Park Road Infant School *MEX/SWTN* S64 ... 38 C4
Mexborough School *MEX/SWTN* S64 ... 38 B3
Millfield Industrial Estate *BTLY* DN5 ... 26 C4
Milton Special School *MEX/SWTN* S64 ... 37 J6
Montagu Hospital *MEX/SWTN* S64 ... 38 C3
Montagu Junior School *MEX/SWTN* S64 ... 38 C3
Moorends Clinic *THNE* DN8 ... 7 G4
Morley Place Junior School *CONI* DN12 ... 50 E1
Moss Road Infant School *AWLS/ASK* DN6 ... 10 B1
The New Indoor Market *MALT* S66 ... 56 E5
Newton Business Centre *BTLY* DN5 ... 32 E4
Northcliffe School *CONI* DN12 ... 39 J6
North Doncaster Technology College *AWLS/ASK* DN6 ... 17 F6
Norton Junior School *AWLS/ASK* DN6 ... 4 B4
Odeon Cinema *DON* DN1 ... 3 F4
The Old Hall Centre *BTLY* DN5 ... 2
Orchard Infant School *BTLY* DN5 ... 4
Our Lady of Mount Carmel RC Primary School *WHHL* DN2 ... 3
Our Lady of Perpetual Help Catholic Primary School *BTLY* DN5 ... 2
Our Lady of Sorrows VA RC Primary School *ARMTH* DN3 ... 2
Owston Park Golf Club *AWLS/ASK* DN6 ... 1
Owston Park Primary School *AWLS/ASK* DN6 ... 1
Park Primary School *WHHL* DN2 ... 3
Pastures Hotel *MEX/SWTN* S64 ... 3
The Petersgate Medical Centre *BTLY* DN5 ... 2
Pheasant Bank Junior School *NROS/TKH* DN11 ... 5
Phoenix Theatre *BWTY* DN10 ... 6
Pitt Street Infant School *MEX/SWTN* S64 ... 3
Plumb Estates *ARMTH* DN3 ... 2
Plumtree Farm Industrial Estate *NROS/TKH* DN11 ... 6
Potteric Carr Nature Reserve *DONS/BSCR* DN4 ... 4
Premier Inn *DONS/BSCR* DN4 ... 4
Queens Medical Centre *MALT* S66 ... 5
Queen Street J & I School *MEX/SWTN* S64 ... 3
Rands Lane Industrial Estate *ARMTH* DN3 ... 2
Rawmarsh Rosehill Junior School *RAW* S62 ... 4
Rawmarsh St Josephs RC Primary School *RAW* S62 ... 4
Rawmarsh St Marys CE Primary School *RAW* S62 ... 4
Rawmarsh Thorogate J & I School *RAW* S62 ... 4
Regent Hotel *DON* DN1 ...
Richmond Hill Primary School *BTLY* DN5 ... 3
Ridgewood School *BTLY* DN5 ... 3
Robin Hood Golf Club *AWLS/ASK* DN6 ...
Rosedale Primary School *BTLY* DN5 ... 2
Rose Hill Cemetery *DONS/BSCR* DN4 ... 3
Rose Hill Crematorium *DONS/BSCR* DN4 ... 3
Rossington All Saints VA School *NROS/TKH* DN11 ... 5
Rossington St Michaels CE Primary School *NROS/TKH* DN11 ... 5
Rossington Swimming Pool *NROS/TKH* DN11 ... 5
Rotherham Golf Club *RHAM/THRY* S65 ... 4
Rowena Infant School *CONI* DN12 ... 5
Ryecroft Infant School *RAW* S62 ... 4
St Albans RC J & I School *CONI* DN12 ... 3
St Francis Xavier Catholic Primary School *DONS/BSCR* DN4 ...
St James Swimming Pool *DON* DN1 ...
St Johns CE Primary School *MEX/SWTN* S64 ... 3
St Joseph & St Teresas Catholic Primary School *AWLS/ASK* DN6 ... 2
St Josephs RC Primary School *NROS/TKH* DN11 ... 5

Index - featured places

...rys Catholic
 ...mary School
 ...W DN12 .... **51** K1
...rys CE
 ...mary School
 ...OS/TKH DN11 .... **58** D3
...tricks Catholic
 ...mary School
 ...OS/TKH DN11 .... **60** B6
...ters Catholic
 ...mary School
 ...NS/BSCR DN4 .... **34** B6
...omas CE
 ...mary School
 ...EX/SWTN S64 .... **49** F3
 Vincent
 ...dical Centre
 ...N DN1 .... **3** G2
...frids
 ...mary School
 ...MTH DN3 .... **45** F1
...rsgate Junior School
 ...LY DN5 .... **32** D1
...all Wood School
 ...HHL DN2 .... **34** E2
...ringham
 ...mary School
 ...HL DN2 .... **34** C1
...thorpe Clinic
 ...LY DN5 .... **25** K6
...thorpe Sunnyfields
 ...imary School
 ...LY DN5 .... **25** J6
...ol of Nursing
 ...heffield University)
 ...HHL DN2 .... **34** A2

Shaw Lane
 Industrial Estate
 WHHL DN2 .... **28** A5
Shaw Wood
 Primary School
 ARMTH DN3 .... **28** C5
Sheep Dip Lane
 Primary School
 HTFD DN7 .... **21** J4
Sprotbrough
 Health Centre
 BTLY DN5 .... **32** D5
Stainforth Junior School
 HTFD DN7 .... **13** G5
Staniland Yacht Club
 THNE DN8 .... **14** D2
Station Road
 J & I School
 CONI DN12 .... **39** K6
Stirling Primary School
 DON DN1 .... **2** D7
Swinton Brookfield
 Primary School
 MEX/SWTN S64 .... **48** E1
Swinton
 Community School
 MEX/SWTN S64 .... **48** D1
Swinton Fitzwilliam
 J & I School
 MEX/SWTN S64 .... **48** C1
Swinton Meadows
 Business Park
 MEX/SWTN S64 .... **38** B6
Swinton Meadows
 Industrial Estate
 MEX/SWTN S64 .... **38** B6
Swinton Swimming Pool
 MEX/SWTN S64 .... **37** K6

Sycamore Hall
 Preparatory School
 DONS/BSCR DN4 .... **42** A2
Thorne Further
 Education Centre
 THNE DN8 .... **15** G2
Thorne Golf Club
 THNE DN8 .... **14** D4
Thorne Health Centre
 THNE DN8 .... **15** F2
Thorne King Edward
 Primary School
 THNE DN8 .... **15** G1
Thorne Moorends
 Marshlands Primary
 School *THNE* DN8 .... **7** H4
Thorne Moorends
 West Road Primary
 School *THNE* DN8 .... **7** H4
Thorne South Common
 First School
 THNE DN8 .... **15** G3
Thorne Sports Centre
 THNE DN8 .... **15** G2
Thornhurst Park
 Golf Club
 BTLY DN5 .... **18** A2
Thrybergh Country Park
 RHAM/THRY S65 .... **49** H6
Tickfield Eastfield
 Primary School
 NROS/TKH DN11 .... **58** E2
Tickhill Road Hospital
 DONS/BSCR DN4 .... **42** B4
Toll Bar Primary School
 BTLY DN5 .... **18** A6
Tornedale Infant School
 NROS/TKH DN11 .... **55** G2

Town End Industrial Estate
 BTLY DN5 .... **33** F3
Townfield Primary School
 DON DN1 .... **3** H2
Tranmoor J & I School
 ARMTH DN3 .... **35** J2
Travelodge
 AWLS/ASK DN6 .... **16** B2
 THNE DN8 .... **14** B6
Trinity Academy
 THNE DN8 .... **15** G1
Vue Cinema
 DONS/BSCR DN4 .... **34** B6
Wadworth CP School
 NROS/TKH DN11 .... **53** H5
Warmsworth Halt
 Industrial Estate
 DONS/BSCR DN4 .... **41** G5
Warmsworth
 Primary School
 DONS/BSCR DN4 .... **41** G3
Waterdale Centre
 DON DN1 .... **2** D4
Wath Cemetery
 DEARNE S63 .... **36** E4
Wath Central
 Primary School
 DEARNE S63 .... **36** E4
Wath CE Primary School
 DEARNE S63 .... **36** E2
Wath Comprehensive
 School Language
 College
 DEARNE S63 .... **37** F4
Wath Our Lady &
 St Josephs RC
 Primary School
 DEARNE S63 .... **37** F3

Wath RUFC
 DEARNE S63 .... **37** F2
Wath Victoria
 Primary School
 DEARNE S63 .... **37** G3
Wath West
 Industrial Estate
 DEARNE S63 .... **36** C1
Waverley Primary School
 DONS/BSCR DN4 .... **41** J3
West Melton
 Primary School
 DEARNE S63 .... **36** C2
Westwood
 Industrial Estate
 ARMTH DN3 .... **35** K2
Wheatley Golf Club
 WHHL DN2 .... **34** E1
Wheatley Hall
 Business Centre
 WHHL DN2 .... **27** G6
Whitelea Grove
 Trading Estate
 MEX/SWTN S64 .... **38** A5
Windhill Primary School
 MEX/SWTN S64 .... **38** E3
Woodfield Primary School
 DONS/BSCR DN4 .... **42** B3
Woodlands Primary School
 AWLS/ASK DN6 .... **24** E1
Wool Market
 DON DN1 .... **2** E3
WRCC Clinic
 HTFD DN7 .... **13** G6

Acknowledgements

Schools address data provided by Education Direct

Petrol station information supplied by Johnsons

Garden centre information provided by:

Garden Centre Association   Britains best garden centres

Wyevale Garden Centres

The statement on the front cover of this atlas is sourced, selected and quoted
from a reader comment and feedback form received in 2004

Notes

How do I find the perfect place?

AA Lifestyle Guides
Britain's largest travel publisher
crder online at www.theAA.com/travel